DESCONSTRUINDO A
RAIVA

RYAN MARTIN

DESCONSTRUINDO A
RAIVA

Tradução
Débora Isidoro

Why We Get Mad
Todos os direitos reservados
Texto copyright © Dr Ryan Martin 2021
Esta edição foi originalmente publicada no Reino Unido e Estados Unidos em 2021 por Watkins, um selo da Watkins Media www.watkinspublishing.com
Tradução para a Língua Portuguesa © 2023 Débora Isidoro
Todos os direitos reservados à Astral Cultural e protegidos pela Lei 9.610, de 19.2.1998. É proibida a reprodução total ou parcial sem a expressa anuência da editora.

Editora Natália Ortega
Editora de arte Tâmizi Ribeiro
Produção editorial Brendha Rodrigues, Esther Ferreira e Felix Arantes
Revisão César Carvalho e Fernanda Costa

Dados Internacionais de Catalogação na Publicação (CIP)
Angélica Ilacqua CRB-8/7057

M334d

Martin, Ryan
    Desconstruindo a raiva / Ryan Martin ; tradução de Débora Isidoro. — Bauru, SP : Astral Cultural, 2023.
    240 p.

Bibliografia
ISBN 978-65-5566-361-7
Título original: Why we get mad: How to Use Your Anger for Positive Change

1. Autoajuda 2. Emoções I. Título II. Isidoro, Débora

23-1424   CDD 158.1

Índice para catálogo sistemático:
1. Autoajuda

BAURU
Avenida Duque de Caxias, 11-70
8º andar
Vila Altinópolis
CEP 17012-151
Telefone: (14) 3879-3877

SÃO PAULO
Rua Major Quedinho, 111
Cj. 1910, 19º andar
Centro Histórico
CEP 01050-904
Telefone: (11) 3048-2900

E-mail: contato@astralcultural.com.br

Para minha esposa, Tina,
e para minha mãe, Sandy,
ambas por me inspirarem
todos os dias.

APRESENTAÇÃO

Conhecer-me bem é saber que amo falar e escrever sobre a raiva. Na verdade, sobre todas as emoções. Da tristeza ao medo, da felicidade à raiva, adoro conversar com as pessoas a respeito de seus sentimentos, ouvir as histórias de suas emoções e ajudá-las a aprender a ter uma vida emocional mais saudável. Gosto tanto disso que, há uns dez anos, criei um novo curso chamado "Psicologia da Emoção". Nele, os alunos e eu exploramos as relações complexas entre sentimentos, pensamentos e comportamentos. Estudamos a história evolutiva das emoções e trabalhamos para entender melhor as diferenças e semelhanças entre as culturas. Discutimos sobre quando nossas emoções se tornam um problema, ou porque as sentimos com muita frequência ou com muita intensidade, ou com pouca frequência e sem tanta intensidade, ou porque desenvolvemos comportamentos perigosos ou problemáticos de outra maneira por causa delas. Acima de tudo, porém, nesse curso desmascaramos o mito de que as emoções são em sua maioria negativas, explorando como os sentimentos nos ajudam a permanecer seguros, salvar relacionamentos, nos proteger e corrigir erros.

Dentro desse curso que eu amo, existem três semanas que são particularmente divertidas para mim, e são as que dedicamos especificamente à raiva. Nessa unidade, falamos de situações que podem nos "deixar furiosos", de pensamentos que temos quando estamos com raiva e de como agimos quando nos sentimos assim. Discutimos a biologia da raiva, o papel da criação e da cultura em como a experimentamos e a expressamos e os problemas que podem surgir da raiva mal administrada. Também falamos de coisas positivas decorrentes da raiva, como quando ela é bem administrada.

Tanto minha palestra de 2019 no TED Talks ("Por que ficamos com raiva, e por que é saudável") quanto este livro nasceram desse amor. Pesquiso a raiva há mais de vinte anos, desde que comecei a faculdade em 1999. Na verdade, fui para a faculdade especificamente porque queria estudar a raiva. Como você vai ver, eu cresci vivenciando a raiva de um jeito que me fazia pensar com frequência sobre por que as pessoas ficam com raiva e o estrago que isso pode causar. Na faculdade, trabalhei em um abrigo para jovens. Muitas crianças com quem trabalhei lá tinham dificuldades para administrar sua raiva, e acabavam se metendo em encrenca por causa dela. Eu queria ajudar aquelas e outras crianças a aprenderem a lidar com a raiva de um jeito mais eficiente.

Foi na faculdade que aprendi que a raiva era muito mais complicada e interessante do que imaginava. Cresci pensando que raiva era exclusivamente ruim e que precisávamos encontrar meios de senti-la com menos frequência. No entanto, aquelas crianças do abrigo tinham muitos motivos para senti-la. A maioria cresceu em um cenário de extrema pobreza. Sofriam insegurança alimentar e tinham acesso inadequado a oportunidades educacionais, e muitas haviam sofrido abuso ou negligência por parte dos pais biológicos ou adotivos. O mundo as tratava com injustiça, e elas sentiam raiva, o que era compreensível.

Este livro é sobre ajudar as pessoas a desenvolverem um relacionamento mais saudável com sua raiva. Vejo a administração da raiva de um ponto de vista diferente de muita gente. Para mim, a raiva não é algo que devemos sufocar ou afastar. Os objetivos de administrar a raiva não devem ser apenas relaxar ou se sentir menos furioso. A raiva serve a um propósito em nossas vidas, e da mesma forma que não é saudável perder o controle, também não é saudável ignorar a raiva. Em vez disso, penso nela como um combustível. Ela nos dá energia para as coisas que precisamos fazer. Mas, como com qualquer combustível, precisamos controlar e canalizar a raiva de maneiras particulares.

Para tornar a comunicação mais eficiente, organizei este livro em três partes principais. A primeira parte é chamada de "O básico da raiva" e serve como uma introdução para a emoção da raiva. Os cinco capítulos contidos nessa parte esboçam o que é a raiva, por que as pessoas ficam com raiva, os tipos de pensamentos que temos e que levam à raiva, os fundamentos biológicos da raiva e como percebemos de maneira diferente a raiva das pessoas com base em gênero e raça. A segunda parte, "Quando a raiva dá errado", descreve algumas consequências primárias associadas à má administração da raiva. Nesses quatro capítulos, descrevo o relacionamento complicado entre raiva e violência, como a raiva atrapalha relacionamentos, as consequências da raiva para a saúde física e mental e como a raiva pode nos levar a tomar decisões irracionais. Finalmente, a terceira parte do livro, "Raiva saudável", descreve como a raiva pode ser compreendida, administrada e usada de maneiras positivas e socialmente favoráveis. Cada capítulo inclui estudos de caso, pesquisas relevantes e atividades planejadas para ajudar você a se relacionar com sua raiva de maneiras produtivas.

As atividades no fim de cada capítulo incluem todos os exercícios que fiz com meus alunos e clientes para ajudá-los a explorar por que ficam com raiva, como a sentem, o que ela diz a eles e como administrá-la da melhor maneira. Essas atividades incluem breves exercícios escritos, pesquisas e maneiras de repensar a raiva. São ferramentas que o ajudarão não só enquanto progride por este livro, mas com o tempo, enquanto trabalha para experimentar a raiva saudável.

SUMÁRIO

PARTE UM: O BÁSICO DA RAIVA 12
1. Introdução à raiva 13
2. Por que ficamos com raiva 25
3. Biologia da raiva 47
4. Pensamento raivoso 67
5. Raça, gênero e raiva 85

PARTE DOIS: QUANDO A RAIVA DÁ ERRADO 100
6. Violência e controle de impulso 101
7. Relacionamentos prejudicados 121
8. Saúde física e mental 139
9. Pensamento irracional 159

PARTE TRÊS: RAIVA SAUDÁVEL 174
10. Entender a raiva 175
11. Administrar a raiva 193
12. Usar a raiva 209

   Referências 231
   Agradecimentos 237

PARTE UM

O BÁSICO DA RAIVA

INTRODUÇÃO À RAIVA

1

Uma emoção mal-entendida

É comum descobrir que as pessoas não sabem ou não entendem o que é a raiva. Pensam nela como algo idêntico a comportamentos violentos ou hostis que às vezes são associados a ela. Quando leem sobre tiroteios em massa ou atentados, pensam coisas como "Por que há tanta raiva no mundo?". Quando ouvem sobre um confronto físico, respondem com: "Parece que alguém tem um problema com a raiva". É claro, pode ser que estejam certos. Esses casos podem ser de raiva. Mais que isso, porém, esses são casos de violência, que é fundamentalmente distinta de raiva. Quando lemos sobre brigas físicas, assassinatos e tiroteios em massa, uma pergunta melhor a se fazer é: "Por que há tanta violência no mundo atual?". Essa pergunta é melhor porque autores de tiroteios em massa e violência doméstica não têm apenas problemas de raiva. Podem ter problemas para controlar impulsos. Podem ter dificuldades relacionadas a poder e controle. Podem acreditar na violência como uma solução razoável para a discórdia. Há inúmeras explicações ambientais, emocionais e de personalidade para a violência que não têm nada a ver com raiva.

Não estou dizendo que a raiva é irrelevante nesses exemplos. Provavelmente, é relevante. Estou dizendo que essas situações envolvem muito mais do que só raiva, e quando focamos exclusivamente nela, perdemos de vista alguns outros problemas muito sérios. Por outro lado, a raiva muitas vezes passa despercebida em uma variedade de outras circunstâncias, por motivar muito além de violência, hostilidade e agressão.

A raiva é, pura e simplesmente, uma emoção. É o estado de sentimento que emerge em nós quando nossos objetivos são impedidos ou quando vivemos uma injustiça. Emoções são fundamentalmente distintas de comportamentos.* Tristeza, medo, raiva, alegria... todas são emoções. Há comportamentos que se relacionam com elas (como tristeza e chorar, rejeição e medo, rir e alegria), mas os comportamentos não são iguais ao estado emocional.

As pessoas às vezes choram quando estão felizes e riem quando sentem medo. Da mesma forma que às vezes são agressivas sem estarem com raiva.

Como uma emoção, a raiva não inclui o desejo de atacar física ou verbalmente, mas a emoção é distintamente separada desses

---

* Na verdade, psicólogos não estão de comum acordo sobre como definir emoções; longe disso. Na realidade, existe uma corrente de pensamento dentro da psicologia, o behaviorismo, em que muitos defendem que as emoções não existem. Outros behavioristas afirmam que, embora sejam reais, as emoções só devem ser foco de pesquisa quando identificamos e definimos comportamentos específicos associados a elas. De fato, um artigo de 1946 intitulado "A Behaviorist Analysis of Emotion" [Uma análise behaviorista da emoção], de V. J. McGill e Livingston Welch, indica que "há uma clara vantagem em definir emoções, geneticamente, em termos de estímulos presentes e antecedentes, já que esses estímulos são observáveis e podem ser reproduzidos em situações experimentais" (p. 120). Eles continuam dizendo que debates sobre emoção devem evitar qualquer discussão sobre estados mentais, uma vez que não devemos discutir estados internos a menos que possamos ver seu impacto em comportamentos externos. Obviamente, não concordo com isso, ou este livro inteiro seria sobre agressão e violência, a manifestação comportamental da raiva mais observável.

comportamentos de ataque. Em outras palavras, embora possamos querer expressar a raiva fisicamente, não somos obrigados. Podemos desenvolver uma variedade de comportamentos diferentes quando sentimos raiva, e muitos deles não são perigosos, maus para os outros ou para nós. Na verdade, alguns desses comportamentos até nos fazem bem.

Estou começando desse jeito porque penso que a raiva tem uma reputação desnecessariamente ruim. As pessoas têm muita dificuldade para diferenciá-la da violência, por isso não reconhecem que a raiva é só um estado de sentimento, como tristeza, medo, felicidade e culpa, entre outros. Quando estamos com medo, provavelmente queremos fugir ou encontrar outro jeito de evitar o que nos causa isso. Mas algumas vezes expressamos esse medo de um jeito diferente. Às vezes somos mais fortes do que o medo e fazemos aquilo que nos amedronta mesmo assim. Pode-se dizer o mesmo sobre a raiva. Podemos querer atacar, mas é possível fazer outras coisas quando a sentimos.

Em última análise, o objetivo deste livro é ajudar as pessoas a entenderem e seguirem em direção a duas coisas:

- Raiva é uma resposta normal e muitas vezes saudável a uma variedade de situações;
- Raiva pode ser entendida, administrada e usada de um jeito saudável, positivo e pró-social.

Dito isso, quero ser claro desde o início: sei que a raiva pode ser ruim para as pessoas e para aqueles que as cercam. Não há dúvida a respeito disso. A raiva que é frequente, intensa, duradoura ou expressada de um jeito ruim pode causar sérios problemas interpessoais, físicos e psicológicos. Nada disso passa despercebido para mim. Longe disso. Eu me interessei pelo estudo da raiva porque tinha visto as consequências da raiva mal ajustada tanto em minha vida pessoal quanto na profissional.

Escolho começar este livro dessa maneira porque não quero que as pessoas respondam com: "Mas as pessoas podem se machucar de verdade por causa da própria raiva" ou "É óbvio que você nunca viveu com alguém que é realmente raivoso. É pavoroso". Se seu impulso quando viu o tema deste livro foi: "Mas problemas verdadeiros relacionados à raiva podem ser horríveis", saiba que está absolutamente certo. A raiva pode ser muito disruptiva e acabar em relacionamentos destruídos, danos à propriedade, problemas legais, dependência química, violência doméstica, questões de saúde mental e uma série de outras consequências negativas. Temos décadas de pesquisa sobre o assunto e essa pesquisa revela de maneira consistente que a raiva pode destruir vidas.

Agora, quero que note que usei a palavra "pode" seis vezes nos últimos dois parágrafos. A raiva *pode* destruir vidas. A raiva *pode* ser disruptiva. A raiva *pode* destruir relacionamentos. Mas não tem que fazer essas coisas. Na verdade, a raiva *pode* ser usada para o bem. A raiva *pode* motivar as pessoas a resolver problemas ou criar arte e escrever histórias. A raiva *pode* ser o combustível que inspira a enfrentar injustiça e criar significativa mudança social. O que mais importa não é necessariamente o quanto você está com raiva, mas o que faz com ela.

Uma brincadeira em hora errada

Quando eu era criança, enchi a fronha do meu pai com bolas de tênis. Era dia primeiro de abril, Dia da Mentira, e achei que aquilo seria engraçado. Naquela noite, fui para a cama e já nem lembrava mais da brincadeira. Eu tinha cinco ou seis anos de idade e ia para a cama muito antes dele, por isso meu pai ainda não tinha encontrado a travessura. Peguei no sono, e acordei mais tarde com uma fronha cheia de bolas de tênis jogada em cima de mim. Não me lembro de ele ter dito alguma coisa. Só jogou vinte ou trinta bolas de tênis em mim e saiu do quarto. O movimento deve ter acordado meu irmão mais velho, que dividia o quarto comigo, e me recordo de ele ter dito algo como: "Acho que ele não gostou da sua brincadeira".

Fiquei deitado em silêncio, com medo, triste e completamente constrangido. Pensei que ele ia achar aquilo engraçado, mas era óbvio que tinha me enganado terrivelmente. Logo em seguida, a porta se abriu de repente. Eu me assustei com o barulho, mas antes que eu pudesse entender o que estava acontecendo, uma bola de tênis ricocheteou na cabeceira da minha cama. Aparentemente, meu pai tinha encontrado mais uma bola, entrou no meu quarto e a jogou em mim. Desconfio de que não tinha intenção de me acertar com ela, mas acho que queria me assustar. Ele fechou a porta, e nunca mais falamos disso.

O estranho nessa história é que, embora eu tenha na memória alguns exemplos dele fazendo coisas parecidas, meu pai não era constantemente raivoso. Ele ficava com raiva muitas vezes, e me assustava regularmente com exemplos como esse da bola de tênis, mas, na maior parte do tempo, era um homem relativamente feliz e divertido.

De fato, se ele fosse raivoso o tempo todo, eu provavelmente não teria tentado a brincadeira das bolas de tênis na fronha, porque saberia que ele não veria graça nenhuma. Era isso o que tornava a convivência com ele difícil, às vezes. Tenho certeza de que poderia haver ocasiões em que ele teria ido para a cama, encontrado a pegadinha e rido dela. E teria debochado de mim na manhã seguinte. No entanto, em vez disso, eu o peguei em uma noite ruim, e ele ficou bravo. Muito, muito bravo.

A raiva do meu pai causou uma fissura em nosso relacionamento que se manteve durante a maior parte de minha vida.* Passávamos muito tempo juntos, mas eu nunca estava confortável como deveria ao estar perto dele. Estava sempre preocupado com a possibilidade de ele ficar bravo comigo por alguma coisa. Quando fiquei mais velho, passei a me preocupar menos com a chance de ele ficar bravo comigo, mas ainda ficava nervoso pensando que ele ficaria bravo com alguém perto de nós. Um garçom cometia um engano e meu pai perdia a paciência com ele, ou um motorista o fechava no trânsito, e ele buzinava e colava em seu para-choque, me deixando apavorado no banco de trás. Uma vez ele gritou com o frentista de um posto de gasolina enquanto eu estava pagando, e tive que fingir que não o conhecia. "Tem gente que…", disse o frentista. "É", respondi. "Que gente." Depois entrei no carro com ele, torcendo para sua raiva ter passado.

Uma coisa que me incomoda em relação a isso agora é que suspeito de que ele nunca tenha entendido de fato como eu me sentia. Eu me lembro de ter tocado no assunto uma vez, e como a maioria das conversas com meu pai sobre sentimentos, essa foi breve. Uma noite, ele foi ver como eu estava depois de um incidente muito assustador no carro, quando ele discutiu com um pedestre (vou falar muito mais sobre isso depois).

"Você ficou assustado hoje quando eu gritei com aquele cara?", ele perguntou.

"Sim", respondi.

---

* Uma de minhas colegas, a dra. Illene Cupit, sempre diz que "pesquisa é euquisa", para referir-se à frequência com que os interesses de pesquisa dos psicólogos são profundamente entrelaçados com sua história de vida pessoal. Embora não tenha encontrado nenhuma pesquisa publicada para sustentar essa afirmação, a maioria dos psicólogos que conheço podem afirmar como suas experiências de vida os levaram aos seus interesses de pesquisa. Então, aí está: minhas experiências pessoais sugerem que experiências pessoais são importantes.

"Desculpa."

Eu devia ter falado mais sobre como me sentia, mas como disse, nunca me sentia muito confortável perto dele. Essa era a natureza do nosso relacionamento, e ela derivava quase inteiramente de como ele expressava sua raiva.

Quando a raiva dá errado

Essa tendência para danificar relacionamentos, estando a par ou não disso, é uma das grandes categorias de consequências da raiva que vou discutir neste livro. As pessoas descobriram há muito tempo que a raiva era associada a diversas consequências óbvias. Pessoas cronicamente raivosas tendem a se envolver em brigas físicas e verbais, quebrar coisas, enfrentar uma série de consequências de saúde e dirigir de modo imprudente. Esses tipos de consequências foram identificados por pesquisadores, por médicos, pela mídia e por várias outras pessoas. De fato, um dos primeiros projetos de pesquisa ao qual me dediquei foi de aprimorar um questionário sobre as consequências da raiva que era muito usada: o adequadamente nomeado "Anger Consequences Questionnaire"[1] [Questionário de Consequências da Raiva]. Era uma escala usada havia cerca de dez anos, e meu orientador, o dr. Eric Dahlen, e eu sentimos que era necessário dar uma atualizada na contagem de pontos. O novo ACQ,[2] como o chamamos, identifica cinco tipos primários de consequências da raiva: agressão, uso de álcool/drogas, amizades prejudicadas, emoções negativas e automutilação. Na verdade, faz quase quinze anos que o aprimoramos, e ele precisa de outra atualização. Como abordo mais adiante, as redes sociais e outras formas de comunicação on-line realmente mudaram o jogo quando se trata de como experimentamos e expressamos a raiva.

Embora algumas consequências de comportamento desajustado sejam óbvias e bem conhecidas (brigas, dano à propriedade, problemas de saúde), outras nem tanto. Até as consequências relacionadas há pouco podem ser mais traiçoeiras do que as pessoas percebem. Relacionamentos prejudicados, por exemplo: muitos têm consciência de como a raiva pode levar pessoas a fazer e dizer coisas que ferem os outros. Alguém se sente provocado, faz ou fala alguma coisa que talvez não teria feito ou dito em outras condições e prejudica um relacionamento. Ao mesmo tempo, como mencionei ao falar do meu pai, existe outra consequência para um relacionamento que é mais comum e muitas vezes não reconhecida, e é associada à raiva: pessoas raivosas são propensas a alienar, irritar ou até amedrontar quem faz parte de sua vida.

Vou falar muito mais a respeito de como a raiva prejudica relacionamentos mais adiante neste livro. Psicólogos produziram muitas pesquisas relacionadas ao impacto da raiva nos relacionamentos e, honestamente, boa parte da terapia de casal tem a ver com o modo que os casais podem expressar melhor sua raiva para gerenciar o conflito. Ao mesmo tempo, porém, as interações humanas se tornaram mais complicadas à medida que a tecnologia avança e nos comunicamos de maneiras novas. E-mail, mensagem de texto e redes sociais oferecem novas oportunidades e lugares para expressar a raiva, e essas oportunidades levam a diferentes tipos de relacionamentos prejudicados.

É claro, outra consequência óbvia da raiva é a violência. Lembre-se: a raiva pode ser definida como o desejo emocional de atacar. Quando as pessoas agem para realizar esse desejo, podem se tornar violentas. Podem bater, empurrar, chutar, esfaquear ou até dar um tiro na pessoa de quem sentem raiva. Isso pode acontecer entre casais, amigos, conhecidos ou estranhos. Mas até o relacionamento entre raiva e violência é mais tênue e complicado do que muitas vezes reconhecemos. Como você já sabe, a raiva nem sempre leva à violência (raramente leva, de fato), mas o contrário também é verdade: violência nem sempre é um problema de raiva. As pessoas são violentas por várias razões. Às vezes, a raiz está em outras emoções (como tristeza, medo, ciúmes etc.). Às vezes não é algo emocional, como quando as pessoas são violentas por um propósito específico (assumir o controle sobre determinadas pessoas, ganhar dinheiro).* Como a raiva, violência é um fenômeno mais amplo do que a maioria das pessoas percebe.

Na parte dois deste livro, vou entrar em detalhes sobre alguns problemas comuns associados à raiva. Vou analisar a pesquisa sobre todos os aspectos, de hostilidade on-line à fúria no trânsito, de automutilação acidental a doenças cardiovasculares e outros problemas de saúde. Você vai ver como a raiva no trânsito não se limita a brigas com outros motoristas, por que as redes sociais podem se tornar rapidamente uma terra de ninguém cheia de críticas amargas ou maldosas, e como evitar o amplo espectro de consequências para a saúde que podem decorrer da raiva mal administrada. Também vou mostrar como as consequências comumente reconhecidas da raiva são só a ponta do iceberg. Há muitas outras. As pessoas danificam sua propriedade sem querer (nunca ouviu falar de alguém que jogou o controle remoto na televisão durante um jogo de futebol?). Ou danificam sua propriedade intencionalmente (já ouviu falar de Steven Cowen, que deu um tiro de espingarda na televisão durante uma exibição de *Dancing with the Stars*?).[3] Elas usam álcool e outras drogas, ficam deprimidos ou ansiosas, e mais. As consequências da

---

* Todos os semestres, pergunto aos meus alunos quantos deles caçam. Estamos no nordeste de Wisconsin, o que significa que metade da turma levanta a mão. Depois pergunto: "Quando estão caçando cervos, estão com raiva deles?". Eles dão risada, mas é isso que quero dizer sobre agressão e violência às vezes não terem relação com a raiva. Por definição, caçar é inquestionavelmente um ato de agressão ou violência (é um comportamento com a intenção de ferir alguém ou alguma coisa). Assim como o combate em tempos de guerra, a autodefesa e até certos esportes. Todos esses são exemplos comuns de agressão ou violência nos quais o motivador pode não ser raiva.

raiva mal administrada são vastas e importantes, e boa parte deste livro vai tratar de descrevê-las para entendermos que desfechos precisamos evitar e como evitá-los.

Como "administrar" a raiva

Muita gente pensa que a solução para a raiva desajustada ou problemática é ficar bravo com menor frequência. As pessoas veem essas consequências e pensam coisas como: "Essa gente só precisa relaxar" ou "A vida é curta demais para ficar com raiva o tempo todo". Isso pode ser verdadeiro para alguns. Essas pessoas podem precisar encontrar meios de sentir raiva menos vezes. Mas, para muitos, o problema tem menos a ver com a frequência com que sentem raiva e mais com como lidam com a raiva quando ficam zangados.

Uma vez assisti a um seminário a respeito do uso de álcool por estudantes (como terapeuta, não por ter problemas com álcool). A plateia era formada em sua maioria por estudantes universitários que tinham enfrentado alguma consequência legal relacionada ao consumo de bebida alcoólica. Eu tinha expectativas bem baixas em relação à palestra. Havia estado em alguns seminários sobre o assunto, e esperava ouvir sobre os perigos do uso do álcool, certo de que ninguém daria muita importância. Em vez disso, a apresentadora começou explicando que o objetivo do dia não era necessariamente convencê-los a parar de beber, mas orientá-los a tomar decisões diferentes sobre como bebiam. Ela explicou que beber ou não era só uma das decisões que eles tomavam em relação ao álcool (onde, quanto, com quem, fazer parte do grupo).

Fiquei agradavelmente surpreso. Tinha estado em seminários como esse antes e feito cursos de graduação e pós-graduação sobre o uso de álcool e outras drogas, e ninguém nunca me ensinou a pensar desse jeito sobre o álcool. Aqueles seminários e cursos focavam com o que acontece no cérebro quando você bebe, qual é o impacto no restante do corpo e como ajudar as pessoas que querem parar. Com exceção do meu professor de Álcool e Drogas na faculdade, que nos ensinou uma cura cientificamente embasada para a ressaca,* nunca falamos muito a respeito de como o consumo responsável de álcool pode ser feito.

Quero fazer a mesma coisa que ela fez, mas com a raiva. Quero discutir como pode ser a administração responsável dela. Há decisões que podemos tomar e que estão além de ficarmos ou não com raiva, e podemos fazer mais do que tentar encontrar maneiras de relaxar quando ficamos com raiva. Na verdade, a raiva que você sente quando é provocado é só uma parte de uma equação muito maior e mais complicada.

Neste livro, vamos explorar os gatilhos que levam à raiva, os pensamentos que você tem quando é provocado e o que faz quando fica com raiva. Quando pensamos em nossa raiva desse jeito, podemos interferir em qualquer ponto do modelo para abordar os sentimentos com mais eficiência. Quero ajudar você a assumir um papel mais proativo se preparando para esses gatilhos e moldando os pensamentos para ajudá-lo a ter uma vida emocional mais saudável. Quero que pense na administração da raiva de maneira mais ampla, além de só evitar ficar com raiva ou como relaxar quando fica furioso. Quero que entenda

---

* Isso aconteceu no contexto de uma discussão sobre curas para ressaca vendidas em postos de gasolina, que, ele explicou, não funcionavam. Quando disse que ia nos ensinar uma cura certa para ressaca, esperei ouvi-lo dizer: "Não bebam demais". Mas não. Ele disse para levantar duas horas antes do horário necessário para começar o dia (já me perdeu aí), tomar duas aspirinas para a dor de cabeça, beber uma sprite para acalmar o estômago e reidratar, tomar dois tabletes de vitamina C para repor o que foi perdido, depois voltar para a cama e dormir até a hora de levantar (o que me reconquistou). A maior parte disso é respaldada pela ciência, mas acho que a parte da vitamina C foi desmascarada posteriormente.

os padrões complicados entre seus pensamentos, seu atual estado de humor e as provocações que o levam à raiva, como pode regulá-la quando a sentir e como usá-la de modo positivo, produtivo e pró-social.

POR QUE FICAMOS COM RAIVA

2

"Vou te matar quando estiver dormindo"
Meu amigo Noah é ator. Quando não está atuando em diversos teatros pelo Meio-Oeste, está lecionando em cursos de improvisação, introdução ao teatro e dublagem. Uma das primeiras coisas que se nota ao conhecer Noah é que ele é incrivelmente agradável e alguém com quem é fácil conversar. Ele diz coisas interessantes, é um bom ouvinte e tem um bom senso de humor. Parece se importar muito com as pessoas à sua volta, e suas conversas sempre abordam política ou outros assuntos relacionados à justiça e à equidade.

Quis encontrá-lo porque, uma semana antes, ele me contara uma história sobre como ficou bravo com um colega durante uma apresentação.* Ele me deu uma versão relativamente breve, que foi interessante, mas fiquei mais impressionado com o final da conversa, com ele dizendo tranquilamente para a pessoa de quem sentia raiva: "Se isso acontecer amanhã à noite, vou te matar quando estiver dormindo".

---

* As pessoas adoram me contar suas histórias de raiva. É um dos ossos do ofício de pesquisar sobre ela.

Queria ouvir mais sobre o ocorrido, por isso o convidei a sentar-se e me contar tudo em detalhes, e pedi para gravar o relato. Noah disse que seria um prazer (como já mencionei, ele é muito agradável e adora conversas interessantes). Fui encontrá-lo em seu escritório, e me surpreendi com o espaço. Não era o que eu esperava. O lugar era grande, mas estava praticamente vazio. As paredes não tinham quase nada, só alguns pôsteres que pareciam estar ali há um bom tempo (mais do que ele trabalhava no local, provavelmente).

"Então, este é seu escritório?", perguntei.

"É", ele respondeu um pouco hesitante, olhando em volta com ar de decepção. "Mas divido o espaço com algumas pessoas, por isso não posso dar meu toque pessoal." A resposta explicava muitas coisas. Ele já havia me contado que buscava inspiração nos ambientes, por isso eu esperava encontrar um escritório que fosse um pouco mais inspirador.

Pedi para ele me contar a história com mais detalhes. Avisei[*] que a "diagramaria" para ele. Diagramar incidentes de raiva é uma coisa que faço nos meus cursos sobre emoção e nos workshops que conduzo sobre administração da raiva. É onde fragmentamos uma situação provocadora de raiva em todos os diferentes fatores que levaram ao sentimento ou o exacerbaram. É uma coisa que quero ensinar a você, porque acho que ser capaz disso é crucial para a administração saudável da raiva.

Ele explicou que fazia parte do elenco que atuava na peça *A Tuna Christmas*. A descrição que ele deu da peça me fez pensar que ela era o material dos meus pesadelos. Não como espectador — ela parecia ser boa —, mas encená-la era algo que soava aterrorizante. O elenco

---

[*]   Embora as pessoas adorem me contar suas histórias de raiva, nem sempre gostam de ouvir o que penso sobre elas. Daí a necessidade do aviso...

é composto apenas por duas pessoas, e cada uma tem de oito a dez papéis diferentes. Isso significa que há muitas "trocas rápidas" durante a apresentação. Ele saía do palco e tinha que trocar o figurino, muitas vezes em menos de trinta segundos, antes de voltar.

Era uma peça de duas horas de duração, com apenas dois atores responsáveis por todas as falas, o que significa que era muito texto para aprender. Eles tiveram duas semanas e meia de ensaio. Como ele disse: "Foi estressante desde o primeiro dia". Tiveram que dominar o texto (decorar tudo), pensar em como entrar e sair dos figurinos e desenvolver os oito a dez personagens que representariam em apenas duas semanas.

Eram poucos objetos de cenografia nessa produção em particular, o que significava que a maioria das encenações era feita pelo gestual. Quando ele pegava uma xícara de café imaginária e abria o forno imaginário, tinha que se lembrar de deixar a xícara de café em algum lugar e de fechar aquele forno.* Tudo requer muita habilidade técnica, como ele explicou: "É fácil ficar nervoso quando as coisas dão errado".

O mais importante nessa história, no entanto, é o processo da troca rápida. Essas trocas de figurino aconteciam na saída do palco. Eram três áreas de troca, então eles tinham que lembrar em qual delas faziam trocas específicas, precisavam mudar de figurino — às vezes completamente — e colocar perucas em algumas ocasiões. Noah tinha três perucas diferentes, uma para cada personagem feminina que ele representava. Para ajudar em tudo isso, havia dois "camareiros" que eram responsáveis por manter os espaços

---

* Fiquei pensando em quanto isso era realmente importante. E daí se você esquecia de fechar a porta do forno imaginário? Mas Noah disse que a plateia percebe quando o ator esquece, e que mais tarde ele ouve a crítica. Tenho certeza de que é verdade. Meus filhos sempre percebiam quando eu deixava a porta do forno imaginário aberta.

organizados e garantir que Noah tivesse todas as partes necessárias do figurino. Quando ele saía do palco para uma troca de figurino, as coisas tinham que estar dispostas como ele as queria. Os camareiros estiveram presentes em todos os ensaios, porque em *A Tuna Christmas* essas trocas corretas eram essenciais para o sucesso da produção, e eles precisavam de tempo para funcionar juntos.

No último ensaio de figurino, um dos camareiros cometeu um erro. Não era a primeira vez que esse camareiro em particular cometia esse erro. Noah descreveu: "Minha troca mais difícil era para Pearl, a tia, porque ela tem muitos acessórios: luvas, óculos, um chapéu e um vestido. Eu contava com ele para deixar tudo isso pronto para mim assim que eu me despisse de R.R., que usava macacão, um casaco esportivo, chapéu e sapatos".

Noah tinha que sair do palco, tirar tudo isso e se vestir de Pearl. É a maior troca no menor tempo. No ensaio, eles a repetiram muitas vezes. Quando ele saiu do palco, o camareiro não havia preparado a área. "O vestido estava amontoado no chão. Eu não sabia onde estavam os sapatos. A bengala estava do lado oposto ao que deveria estar em relação à arara. As luvas estavam emboladas, como ficaram quando as tirei na última vez."

A pressa para pôr aquele vestido era tão grande que ele o vestiu ao contrário. O camareiro tentava colocar os brincos, enquanto Noah punha o vestido. "Sai de perto de mim, porra", ele disse ao camareiro, que recuou. A raiva começou a crescer enquanto o ator tentava se entender com o vestido. Havia um colar de pérolas preso a ele, e estava em seu rosto. Noah arrancou o colar do vestido, em parte de raiva, em parte no esforço para tentar vesti-lo.

Como era um ensaio de figurino, não havia público, só o diretor, um fotógrafo que documentava a produção e mais algumas pessoas envolvidas. Noah pediu uma interrupção, sentindo que precisava de um tempo para organizar tudo. Ele olhou para o camareiro e disse: "Sai de perto de mim". Depois respirou fundo, pôs o figurino e foi ensaiar a cena. Ela seguia até o fim do primeiro ato, por isso ele teve algum tempo para se tranquilizar, antes de recomeçar.

Depois de encerrar o primeiro ato, ele foi ao camarim para se conseguir se acalmar. Disse que estava ficando cada vez mais chateado quando pensava naquilo, e que isso estava afetando sua concentração. A primeira coisa que fez foi reclamar do ocorrido com o colega de elenco. Disse que era bom verbalizar. Depois vestiu o figurino da próxima cena para ficar pronto e não sofrer novamente com a pressão do tempo antes de voltar para o palco. Então ele se sentou e tentou relaxar. Bebeu um pouco de água e tentou pensar no que era mais importante. "E era a peça", disse. Queria superar o incidente raivoso e se concentrar no que tinha pela frente.

Ele terminou o ensaio, mas disse que não se sentiu bem com nada durante o restante da apresentação, porque sentia muita raiva. Ele disse: "O sentimento de raiva me inundou como uma onda, e quando a onda recuou, eu ainda estava molhado. Aquilo afetou minha concentração, e eu senti".

Depois da peça, Noah tirou o figurino e respirou fundo algumas vezes para tentar relaxar. Antes de ir embora, quis conversar com o camareiro sobre o que aconteceu. Estavam arrumando o teatro para a sessão da noite seguinte. Ele levou o camareiro para longe do grupo. O rapaz insistia em se desculpar, mas Noah tinha ouvido o pedido de desculpas muitas vezes e não queria ouvi-lo outra vez.

"O que eu quero dizer a você é isso", Noah descreveu para mim:

Em primeiro lugar, lamento ter ficado furioso nos bastidores durante aquela troca. Você precisa entender o quanto é difícil, para mim, guardar na cabeça duas horas de diálogos de uma peça em que só tem mais uma pessoa. Tem muita coisa acontecendo aqui dentro, e é por isso que você e Dana (a outra camareira) são tão importantes nesse processo, por isso que vocês sobem no palco durante os aplausos para agradecer conosco, porque fazem tudo para que Allan (o outro ator) e eu não tenhamos que pensar nas trocas de figurinos. Vocês trabalham para nós encontrarmos um mundo organizado. Por isso ensaiamos essas coisas. Por isso você devia estar anotando tudo. E pensando o tempo todo: "Qual é a próxima?", e começar a preparar. Não quero sair do palco e pensar em mudanças de cena. Tenho muitas outras coisas em que pensar. Essa função não é minha. É sua. Fiquei furioso porque levo isso muito a sério. É minha carreira. E se não tiver um bom desempenho, não sou mais contratado. É simples assim. Por isso tento ser tão bom quanto posso, e por isso insisto tanto para que as pessoas que trabalham comigo sejam tão boas quanto podem ser. Então, só queria que soubesse que gosto muito de você e acho que é uma boa pessoa, e com exceção desse incidente, acho que você é o melhor. Mas se isso acontecer de novo amanhã, vou te matar quando estiver dormindo.

O camareiro riu quando Noah disse essa última parte, e Noah respondeu: "Você precisa acreditar em mim".*

O modelo "Por que ficamos com raiva"
Grande parte do que faço é estudar situações exatamente como essa para conseguir entender melhor por que as pessoas ficam com raiva. Em muitos sentidos, é a mesma coisa que eu fazia quando ainda era

---

* Noah deixou claro para mim que nunca teria agredido o camareiro ou qualquer outra pessoa. Essa era uma ameaça vazia. No entanto, ele falou sério quando disse: "Você precisa acreditar em mim". Noah sentia que precisava ser convincente sobre isso. Estava tentando descobrir o que fazer para resolver aquela situação, e uma ameaça, mesmo que vazia, parecia ser sua melhor opção.

criança. Passei a infância tentando entender por que meu pai ficava bravo. É claro, naquele tempo não se tratava de nada acadêmico; era apenas autopreservação. Eu precisava saber o motivo para ele ficar bravo, porque, assim, conseguiria saber se estava bravo comigo. E se estivesse bravo comigo, eu precisava poder corrigir meu erro ou então ficar longe dele.*

Para responder a essa pergunta, uso um modelo descrito pelo dr. Jerry Deffenbacher em um livro de 1996, em um capítulo intitulado "Abordagens cognitivo-comportamentais para a redução da raiva".[4]** Descrevo o modelo em praticamente todas as minhas aulas sobre emoção e palestras sobre raiva.

Acho que ele dá a ideia perfeita de por que as pessoas ficam com raiva, e acredito que se todo mundo o entendesse e pudesse aplicá-lo às situações em que se encontram, as pessoas teriam uma vida emocional mais saudável.

De fato, pretendo propor alguns exercícios a você em relação a isso à medida que formos seguindo adiante, para ensinar as melhores maneiras de "diagramar sua raiva" usando o modelo "Por que ficamos com raiva".

---

* Falando em termos evolutivos, a raiva forneceu aos nossos ancestrais humanos e não humanos uma vantagem significativa por uma variedade de diferentes razões. Uma delas tem a ver com a comunicação. As expressões faciais que homens e animais exibem quando estão com raiva (e que às vezes são chamadas de gestos de ameaça) informam ao mundo à sua volta como se aproximar deles... ou simplesmente não se aproximar.

** Uma das coisas mais nerd que os psicólogos fazem é rastrear sua "genealogia acadêmica". É justamente como parece. Mantemos um registro de quem foi o orientador do orientador do nosso orientador... e assim por diante. Somos uma ciência suficientemente nova para ser preciso voltar apenas cinco ou seis pessoas para encontrar os fundadores da área, normalmente William James ou Wilhelm Wundt. Estou falando sobre isso porque meu orientador na pós-graduação foi o dr. Eric Dahlen, e o orientador dele foi o dr. Jerry Deffenbacher, autor desse artigo (e muitos outros). Acho que isso faz dele meu orientador-avô, uma descrição que ele, provavelmente, não apreciaria.

Modelo "Por que ficamos com raiva"

O precipitante

Deffenbacher descreve a raiva como resultado de uma "interação complexa" entre três coisas: (1) um precipitador, (2) o estado pré-raiva da pessoa e (3) o processo de avaliação. Vamos começar pelo precipitante, ou o que gosto de chamar de provocação. Esse é o evento que parece desencadear a raiva. No caso de Noah, a provocação foi o camareiro não ter preparado o espaço para ele. Essas provocações são sempre situações externas que parecem causar diretamente a raiva (como encontrar muitos faróis vermelhos no caminho para o trabalho). Podem incluir o comportamento de outras pessoas que conhecemos (o parceiro esquece de guardar o leite) ou de desconhecidos (levar uma fechada no trânsito). Podem ser um conjunto de circunstâncias (enfrentar atrasos significativos de voos durante as férias) ou até alguma coisa que não é diretamente relevante para você (políticas governamentais de que discorda). Podem até incluir alguma coisa que geralmente é sua culpa (você não sabe onde deixou as chaves do carro).

Essas provocações podem ser até lembranças, quando determinado aspecto de uma situação em que você está provoca uma lembrança enraivecedora e ela leva à raiva. Você vê um filme a respeito de um romance no escritório, e ele traz a lembrança da infidelidade cometida por um antigo parceiro romântico. Você vê nas redes sociais uma foto de alguém com quem já trabalhou, e isso traz a lembrança de quantas vezes se sentiu desrespeitado por essa pessoa no trabalho. Esses são casos em que a raiva não é direcionada ao precipitante, mas o precipitante leva indiretamente à raiva por meio dessas lembranças enraivecedoras.[5*]

Ou talvez não seja uma memória, mas algo que pensamos que poderia acontecer. Tive uma cliente que precisava ter o que ela esperava que fosse uma conversa desagradável com um colega de trabalho. Ela esperava o pior e vislumbrava todas as coisas que essa pessoa poderia dizer a ela quando conversassem. Essa cliente começou a ficar brava só de pensar em como seria a conversa. Quando finalmente aconteceu, ela se apresentou pronta para o desastre e tinha passado alguns dias fumegante por causa de uma provocação que ainda nem havia acontecido.

A conversa foi boa, a propósito. A pessoa não disse nada daquilo que minha cliente pensava que diria e foi, em última análise, muito positiva, deixando ainda mais evidente que ela não deveria ter passado tanto tempo brava com o que poderia ter acontecido, mas não aconteceu.

---

* Jamais duvide da intensidade da raiva recordada. Ela é muito real. Em um de meus estudos de pesquisa favoritos, o dr. Paul Foster e seus colegas compararam cenários enraivecedores lembrados a cenários enraivecedores imaginados e atuais. Fizeram isso conectando os pacientes a um monitor de frequência cardíaca e a um medidor de resposta galvânica da pele (que mede o suor) antes de pedir que eles imaginassem ou lembrassem de uma situação enraivecedora. Ao terceiro grupo, depois de conectar os participantes aos medidores, foi dito que o equipamento estava com defeito, e eles não poderiam participar do experimento. Os participantes, que estavam ali em troca de créditos na matéria, foram então informados de que não poderiam ter os créditos pelo experimento. Depois, os pesquisadores ignoraram as perguntas dos participantes por alguns minutos. Conforme os participantes ficavam bravos por causa do tratamento inadequado, o equipamento media o suor e a frequência cardíaca. O que eles descobriram? Os três grupos ficaram furiosos, mas os grupos que imaginaram e lembraram ficaram ainda mais bravos que o grupo da "raiva real". Mas o que é especialmente interessante aqui é que apenas lembrar de uma coisa frustrante que aconteceu pode aumentar de fato sua frequência cardíaca e fazer você suar.

No final das contas, embora existam alguns mais frequentes, qualquer coisa pode ser um precipitante. Quando pedi às pessoas exemplos de coisas que "as deixavam furiosas", elas descreveram tudo, de grandes questões globais, como destruição ambiental, sexismo e racismo a tipos específicos de pessoas (como as de mente fechada, mentirosas, encrenqueiras). Deram exemplos específicos, como comprar coisas no supermercado e mais tarde descobrir que estavam vencidas, ou quando os pais não usam corretamente a fila de embarque e desembarque na escola. Elas até mencionam equipamentos ou produtos específicos, como pias que respingam água ou bombas de combustível lentas.

Esses exemplos costumam se encaixar em três grandes categorias que se sobrepõem: injustiça, tratamento ruim e bloqueio de objetivo. Algumas pessoas ficam furiosas quando percebem a falta de equidade no mundo (sexismo, racismo). Até um exemplo como o dos pais que não usam corretamente a fila de desembarque sugere falta de equidade de algum jeito ("Por que desrespeita as regras, quando todos nós as seguimos?"). Da mesma maneira, muitas pessoas se enfurecem com o que percebem como maus-tratos. Ficam zangadas quando são intimidadas, ou quando se deparam com desonestidade e desrespeito. Algumas pessoas com quem falei ficaram bravas em nome de outra pessoa que foi maltratada. Elas mencionaram exemplos de prestadores de serviço destratados ou abuso contra animais como coisas que as deixavam furiosas. Por fim, as pessoas ficam com raiva quando seus objetivos são bloqueados ou quando são obrigadas a ir mais devagar. É possível ver isso em exemplos como o da fila de desembarque na escola (lembre-se, são categorias que se sobrepõem) ou da compra de comida vencida ("Maravilha, agora tenho que voltar e comprar mais leite"). Quando as pessoas estão tentando conquistar alguma coisa, mesmo quando isso é algo pequeno e simples, essas coisas que ficam no caminho levam à raiva.

O estado pré-raiva

A segunda peça do modelo de Deffenbacher, o estado pré-raiva, é muito relevante quando se pensa na frustração que Noah sentiu quando estava atuando. Aqueles precipitantes, ou provocações, são ainda piores quando estamos estressados, cansados, com fome, com muito calor ou muito frio, ou em algum outro estado negativo. Durante o ensaio, Noah foi ficando cada vez mais estressado com a performance. Era dele a considerável responsabilidade de acompanhar a sequência de falas e figurinos nas diversas partes da peça de dois atores. Ele se descreveu com calor e suado por causa das luzes e do esforço físico necessário para trocar de figurinos com tanta frequência, e enfrentava significativa limitação de tempo para vestir o novo figurino para a cena seguinte.

Levando tudo isso em conta, é provável que ele estivesse mais propenso à raiva do que normalmente teria estado.

Se você pensar nessa situação de acordo com as duas primeiras partes do modelo, provocação e estado pré-raiva, é mais ou menos assim: ele tinha um objetivo (ter uma ótima performance) e o colega o estava bloqueando. Esse bloqueio de objetivo levará naturalmente à frustração aumentada, mas quando se acrescenta o estresse do estado pré-raiva à mistura, ele acaba exacerbando aqueles sentimentos. Se ainda acrescentássemos sentimentos negativos adicionais (estar cansado por causa de uma noite de sono ruim, estar com fome por não ter almoçado, por exemplo), pode-se esperar que a frustração seja ainda maior. Mesmo que aquela não fosse a última noite de ensaio, ele poderia ter se sentido menos estressado quanto à condição da performance e reagido de maneira diferente. As circunstâncias mudam, e seu estado pré-raiva muda com elas.

Há infinitos estados nos quais se pode estar antes da provocação e que podem aumentar ou diminuir a raiva. Alguns podem ser considerados estados físicos (cansaço, fome, desconforto físico) e outros podem ser estados psicológicos (ansiedade, estresse, tristeza, frustração). Além disso, o que você está fazendo no momento da frustração também importa. Esse é um dos motivos pelos quais dirigir pode ser uma experiência enraivecedora para as pessoas. A natureza da atividade é tal, que ativa diversos estados que predizem raiva (ansiedade, estresse e assim por diante). Ainda em relação às atividades, existe mais evidência de que pais que costumam se distrair com o celular são ainda mais propensos a perder a paciência com os filhos do que pais que não têm esse hábito.*

Avaliação

A terceira parte desse modelo é a mais importante. No modelo de Deffenbacher, esses primeiros dois elementos, o precipitante e o estado pré-raiva, são inseridos em um processo de avaliação. A avaliação é como examinamos ou interpretamos as diferentes coisas que experimentamos em cada um e todos os dias. Quando enfrentamos uma provocação, seja ela um colega de trabalho que não cumpre suas responsabilidades, um pai que não usa a fila de desembarque corretamente ou alguém buzinando para nós na rua, temos primeiro que julgar o acontecimento e decidir o que ele significa. Como Deffenbacher descreve:

---

*   A dra. Jenny Radesky e seus colegas fizeram um estudo de observação em restaurantes fast-food em 2014, no qual observaram os responsáveis comendo com as crianças. Eles registraram quem estava usando o celular (com que frequência e por quanto tempo) e como tratavam seus filhos. Descobriram que (a) 73% dos responsáveis usaram o celular durante a refeição e (b) os que usavam o telefone tratavam os filhos com mais rispidez do que os que não estavam com o telefone. Em um dos casos, um responsável chutou uma criança por baixo da mesa, e em outro, uma cuidadora empurrou a mão de uma criança que tentava puxar seu rosto para longe do aparelho. Essa última frase é uma das mais tristes que já escrevi.

A raiva aumenta se a fonte precipitante é percebida como intencional (alguém ou alguma coisa direcionando deliberadamente a ocorrência para a pessoa), prevenível (alguma coisa que podia ser controlada), injustificada (julgada como não merecida e injusta, uma violação de uma noção de justiça social), e/ou digna de culpa e passível de punição (julgado como culpado e merecedor de sofrimento).

Se voltarmos aos exemplos de provocações que compartilhei anteriormente, você vai ver que há um julgamento sendo feito em cada um desses exemplos. Para ficar com raiva de uma pessoa de mente fechada, você precisa primeiro *acreditar* que ter a mente fechada é errado e *decidir* que o comportamento dessa pessoa reflete essa mente fechada. Essas duas coisas são avaliações ou interpretações de uma pessoa ou situação. Ambas refletem uma visão de mundo mais ampla ("Pessoas devem ter a mente aberta") e uma decisão sobre a pessoa em questão ("Essa pessoa não tem a mente aberta"). Essas interpretações podem ser precisas e justas, mas ainda são interpretações.

Vamos usar o exemplo do mau uso da fila de desembarque na escola. Quando falei com a pessoa que citou essa ocorrência como uma provocação comum em sua vida, ela disse: "Você deveria entrar na fila, parar o carro em um dos pontos de desembarque, deixar as crianças descerem e ir embora. Não deveria ficar lá por mais de trinta segundos. Não deveria parar para conversar, muito menos descer do carro. Sem contar que às vezes as pessoas deixam as crianças descerem do carro cedo demais, o que não deveriam fazer, ou passam muito tempo se despedindo, ou veem um conhecido e falam com ele por alguns minutos. Tudo isso me faz perder tempo e é muito frustrante".

Quando você analisa essa descrição, há muitas afirmações sobre como outras pessoas deveriam se comportar e o que deveriam fazer. Quando perguntei a ela se essas regras eram estabelecidas pela escola e como eram aplicadas, ela disse: "Eles mantêm alguém ali fora incentivando todo mundo a ser rápido e garantir a segurança, mas grande parte disso deveria ser mero bom senso das pessoas".

Assim, essas regras não são escritas, em sua maioria, e é provável que não sejam universalmente aceitas ou entendidas. Essa mãe tomou decisões sobre como outros pais deveriam agir ao deixar os filhos na fila de desembarque da escola. Ela está avaliando o comportamento de outras pessoas como inadequado à situação e fica com raiva quando os outros não seguem as mesmas regras que ela. Só para constar, concordo em grande parte com as regras que ela estabeleceu, e provavelmente também ficaria com raiva se sentisse que as pessoas estão demorando demais ou sendo mal-educadas, mas não é esse o ponto. O ponto aqui não é julgar se a raiva dela é justificada ou não. O ponto é que a raiva é consequência de sua interpretação de uma situação, não da situação em si.

Essa tendência para decidir como outras pessoas *deveriam* agir é um tipo de pensamento bem comum entre pessoas com raiva. Psicólogos às vezes se referem a isso como "obrigações designadas aos outros". A expressão oposta, é claro, é "obrigações autodesignadas",[*] que é quando tomamos decisões sobre como *deveríamos* ou *não deveríamos* agir ("Eu não deveria ter repetido porções no jantar", "Eu deveria ler mais"). Não é surpreendente que, enquanto obrigações dirigidas aos outros sejam relacionadas à raiva, obrigações autoimpostas se relacionem a baixa autoestima, culpa, tristeza e depressão. Esses são

---

[*] O muitas vezes excêntrico fundador da terapia racional emotiva comportamental, dr. Albert Ellis, gostava de usar a expressão "Pare de atribuir obrigações a você mesmo" para descrever pessoas que se castigavam de maneiras que poderiam levar à tristeza ou depressão. Ele argumentava, da mesma forma, que "deverização" — trocadilho para indicar obrigações impostas repetidamente a si mesmo — era um problema semelhante. No caso da raiva, porém, a questão é muito frequentemente "a obrigação do outro".

tipos de pensamento bem diferentes do que aqueles ligados à raiva, e veremos todos eles em um capítulo posterior, quando falarmos mais especificamente sobre avaliação e pensamento raivoso.*

A avaliação pode ser dividida em duas categorias: primária e secundária. Até agora, foquei principalmente na primária, que é quando julgamos o precipitante para determinar se alguém fez alguma coisa errada. A avaliação secundária, porém, é quando decidimos quão ruim é a situação e se podemos lidar com ela. Quando decidimos que as situações são realmente terríveis, ficamos com muito mais raiva do que teríamos ficado de outra maneira. Você pode avaliar que outra pessoa está errada (avaliação primária), mas acaba não sentindo tanta raiva porque decide que o desfecho do comportamento não é assim tão importante para você (avaliação secundária). No entanto, quando você decide que uma situação particular é catastrófica e que simplesmente não pode lidar com ela, é muito mais provável que sinta raiva.

Se você pensar no exemplo de Noah em relação à avaliação secundária, vai ver como isso exacerbou a raiva. A avaliação primária de "Ele *deveria* fazer seu trabalho" fica ainda pior com a avaliação secundária de "Isso vai estragar o espetáculo, e eu não vou mais ser contratado". Se você remove essa avaliação secundária, a situação ainda é frustrante para ele, mas a crença de que o desfecho será catastrófico para a peça e suas perspectivas profissionais no futuro torna a situação muito pior.

É claro, avaliações diferem de pessoa para pessoa. Não existe maneira correta de interpretar uma situação (embora existam algumas incorretas, provavelmente), e o "Isso é errado e terrível" de uma pessoa é o "Estou desapontado, mas não é a pior coisa do mundo" de outra. Quando exploramos por que algumas pessoas têm mais raiva que

---

*   Então, você *deveria* continuar lendo.

outras, descobrimos que boa parte disso remete a diferentes estilos de avaliação. Alguns são mais propensos a avaliar situações e outras pessoas de um jeito negativo. São mais propensos a culpar os outros quando algo em sua vida dá errado. São mais propensos a avaliar situações negativas como catastróficas e mais propensos a decidir que simplesmente não conseguem lidar.

Reações irracionais

Deixe-me dar mais um exemplo, um mais sério. Era 4 de julho [feriado nos EUA], e minha esposa e eu fazíamos uma pequena reunião em nosso apartamento. Fomos ao mercado cedo para comprar uns petiscos e bebidas, inclusive cerveja. Eram 11h30, mais ou menos, e as pessoas começariam a chegar depois do meio-dia, o que significava que nosso tempo era curto. Quando tentei passar no caixa, a funcionária me disse: "Desculpe, não posso vender álcool antes do meio-dia".

Eu havia esquecido dessa lei do Mississípi, que proibia a venda de bebida alcoólica, entre outras coisas, antes do meio-dia no domingo. Olhei meu relógio e vi que eram 11h45, então decidi esperar quinze minutos e comprar a cerveja. Paguei pelo restante das compras, levei os pacotes para o carro e esperei quinze minutos para voltar e comprar a bebida. Quando voltei ao caixa, a moça repetiu: "Desculpe, não posso vender bebida antes do meio-dia".

Respondi: "Sim, mas são 12h05, problema resolvido".

Ela olhou para a registradora e retrucou: "O relógio do caixa está marcando 11h40".

"Sim, mas esse relógio está errado."

"Eu sei, mas ele não vai me deixar vender até marcar meio-dia."

"Isso é loucura", falei.

"Eu sei, sinto muito."

Insisti, mas ela disse que não podia fazer nada. Todos os caixas eram ligados a algum relógio corporativo em algum lugar, e ela não conseguia alterá-los. As máquinas eram programadas para impedir a venda de bebida alcoólica até depois do meio-dia, e não havia como burlar a regra. Ela explicou que, se eu esperasse mais quinze minutos, poderia pagar pela bebida e ir embora.

"Não", decidi. "Vou comprar do outro lado da rua."

Admito que o plano de ir ao outro lado da rua era meio idiota. Quando cheguei ao carro, dirigi até o outro estabelecimento, estacionei, entrei, procurei a cerveja e a encontrei. Quinze minutos haviam passado, e não economizei tempo nenhum. No entanto, senti que era aquilo que devia fazer, por princípios. Estava com raiva daquele mercado em particular (meus objetivos foram bloqueados por uma caixa registradora mal programada), e eu não queria dar meu dinheiro a eles.

Por isso fui ao mercado do outro lado da rua, peguei o que faltava para a festa e fui embora. Estávamos com pressa, porque eram 12h20, e as pessoas chegariam ao nosso apartamento junto conosco. Quando estava saindo da vaga no estacionamento, vi outro carro vindo em nossa direção. Não estava tão perto a ponto de me obrigar a parar, mas também não estava muito longe. Normalmente, eu não teria saído. Teria esperado aquele carro passar. Entretanto, estava com pressa e decidi que não seria nenhum grande problema se eu continuasse saindo da vaga.

Estava enganado. Era um grande problema... pelo menos para o outro motorista, já que ele começou a piscar os faróis e buzinar para me avisar que não ia parar.

Quero esclarecer o cenário aqui antes de contar o que aconteceu em seguida. Não pretendo justificar meu comportamento, só explicá-lo dentro do contexto de um estado pré-raiva. Tive uma manhã frustrante (objetivo bloqueado) em que nada ia muito bem. A situação no mercado me aborreceu, me deixou com uma sensação de impotência e um pouco irritado. Eu me sentia tenso, porque estava atrasado. Estava com fome, porque era quase hora do almoço e não tinha comido. Fazia calor, porque era verão no Mississípi, e eu havia entrado e saído algumas vezes de mercados na última hora. E fui provocado pelo outro motorista. Quando todos esses elementos se juntaram, fiquei furioso.

Mostrei o dedo do meio e passei por ele. Não foi a primeira vez que mostrei o dedo para alguém na rua. Por razões que você vai entender logo, logo, porém, nunca mais fiz isso. Quando passei, olhei pelo retrovisor, vi suas luzes de ré acesas e entendi que estava retornando. Era claro que viria atrás de nós.

"Ah, não", falei para minha esposa.

"Que foi?"

"Ele está vindo atrás de nós", contei, e comecei a acelerar para escapar. Não queria mais brigar. Mostrei o dedo pela mesma razão que o fez me dar sinal de farol, para informar que estava bravo. Lamentava ter aumentado a situação e não queria que ela se tornasse ainda pior. Quando olhei de novo, ele tinha concluído o retorno e vinha mais depressa, e o que aconteceu a seguir foi uma breve, mas agitada perseguição pelo estacionamento do supermercado e nas ruas ao redor.

O outro motorista se importava menos com as leis do que eu. Passava por cima de calçadas e obstáculos para vir atrás de mim. Eu estava preocupado, não só com minha esposa, mas com as outras pessoas por ali. Depois de alguns minutos, ele conseguiu passar na minha frente dirigindo pela contramão à minha esquerda para me fechar, e eu tinha poucas opções: bater no carro dele, sair da pista ou parar. Parei. Ele desceu do carro e deu a volta correndo pela parte de trás do veículo para vir em minha direção. Engatei a ré, fiz um retorno e saí dali o mais depressa que pude. Como ele estava fora do carro, e o automóvel estava virado para o outro lado, não conseguiu reagir com a rapidez necessária para nos alcançar.

Toda essa situação foi muito perturbadora para mim e minha esposa. Ainda é. Quando penso em todas as coisas ruins que poderiam ter acontecido, fico apavorado. Se tivesse nos alcançado, ele certamente teria tentado me agredir. Provavelmente, só ia tentar me bater, mas e se fosse ainda pior que isso? E se ele tivesse uma arma? Há muitos exemplos de briga no trânsito levando à violência grave e até à morte. E se aquele fosse um desses casos?

E isso é só o que poderia ter acontecido comigo ou minha esposa. Sem querer, poderíamos ter machucado outras pessoas. Não dá para correr por um estacionamento cheio sem colocar outras pessoas em risco. E se tivéssemos batido em outro carro? E se tivéssemos atropelado um pedestre? Um bilhão de coisas ruins poderiam ter acontecido naqueles cinco minutos, e tudo pela mais estúpida das razões: eu estava de mau humor, perdi a calma quando fui provocado e mostrei o dedo a alguém.

Antes de continuar, quero comentar o quanto a reação dessa pessoa foi exagerada. Eu não devia ter mostrado o dedo, mas não esperava esse tipo de resposta. Já me mostraram o dedo umas vinte vezes, e nunca pensei em ir atrás do outro motorista.

Outra coisa que eu adoraria saber é o que estava acontecendo com ele naquele dia. Quero saber como foi a manhã dele. Estava lidando com vários aborrecimentos sem importância que foram se somando até ele explodir, como eu? Talvez não fossem vários aborrecimentos pequenos, mas uma grande perda que o deixou triste, com medo e raiva. Será que ele agora se arrepende da decisão de ter ido atrás de mim? Será que se sente grato por eu ter escapado, porque poderia ter tomado decisões ainda piores se tivesse me pegado? Ou ainda está pensando em como teria sido ótimo me pegar e me dar uma lição? Nunca vou descobrir, mas olha, queria muito saber mais sobre como ele viveu tudo aquilo.*

> **ATIVIDADE: DIAGRAMAR SEU INCIDENTE DE RAIVA**
>
> Um bom começo para administrar melhor sua raiva é diagramar um incidente raivoso em sua vida, articulando cada uma dessas três partes: o precipitante, seu estado pré-raiva e também sua avaliação (primária e secundária). Comece selecionando uma vez em que ficou com raiva. Escolha alguma recente para lembrar bem do que aconteceu, seu humor e os pensamentos que teve.
>
> **Precipitante**
> Lembre-se, o precipitante (a provocação) é aquele acontecimento que provocou a raiva. As pessoas costumam descrevê-lo como aquela coisa que "as deixou furiosas". Nessa situação, qual foi o precipitante? Seja específico, qual foi o acontecimento, situação ou ainda comportamento a que estava respondendo?
>
> Quando terminar, pare por um momento e pense que tipo de provocação foi (como injustiça, maus-tratos, bloqueio de objetivo).
>
> Finalmente, classifique a intensidade de sua raiva em uma escala de um (nada de raiva) a dez (fúria intensa).

---

* Perspectiva — quando consideramos situações do ponto de vista de outra pessoa — pode ser uma abordagem valiosa para minimizar a raiva interpessoal. De fato, um artigo de 2007 do dr. Philip Mohr e colegas descobriu que a capacidade de levar em conta a perspectiva de outra pessoa tinha uma relação inversa com a raiva crônica.

Precipitante	Tipo primário (injustiça, maus-tratos, bloqueio de objetivo)	Classificação (1–10)

Estado pré-raiva

Agora descreva seu humor quando viveu a provocação. Estava cansado, com fome, estressado ou ansioso? Talvez já estivesse zangado com alguma outra coisa, ou atrasado para algum compromisso?

Avaliação

Pense nos pensamentos que teve naquele momento. Que pensamentos teve sobre a provocação (avaliação primária)? Que pensamentos teve sobre sua habilidade de lidar com a provocação (avaliação secundária)? É possível que não tenha percebido na hora que avaliava a situação daquela maneira. No entanto, agora que tem uma chance de pensar nisso, como estava avaliando esse acontecimento?

Resposta de raiva

Esses três elementos da experiência de raiva são separados do que realmente fazemos quando ficamos com raiva. Descrevi vários casos diferentes de raiva e vimos diversas respostas diferentes. Em um caso, a raiva provocou uma ameaça verbalizada com tranquilidade ("Vou te matar quando estiver dormindo").

> Em outro, a raiva levou a uma expressão corporal provocativa,* e em outro, a raiva despertou um desejo de brigar e uma perseguição de carros em alta velocidade no estacionamento de um supermercado.
>
> Como discutiremos frequentemente neste livro, a raiva pode ser expressada de várias maneiras. Na situação que você está diagramando, como respondeu?
>
> * Que é como mostrar o dedo do meio a alguém é descrito nos critérios propostos para diagnóstico de transtorno de regulação-expressão da raiva pelos drs. DiGiuseppe e Tafrate em seu livro de 2007, *Understanding Anger Disorders* [Entendendo os distúrbios da raiva].

Como a raiva é boa para nós, então?

Quando pensamos em exemplos de raiva como o da perseguição de carros no estacionamento do supermercado, é fácil perguntar como a raiva poderia ser boa para nós. Acabei de descrever um exemplo de como a raiva quase levou a uma briga em que pessoas poderiam ter morrido. Portanto, como posso dizer tranquilamente que a raiva pode ser uma força para o bem?

Para responder a essa pergunta, temos que pensar na razão pela qual a raiva existe. Ela não surgiu por acidente, assim, como e por que os seres humanos desenvolveram esse desejo emocional de atacar alguém quando são contrariados?

BIOLOGIA DA RAIVA 3

A última vez que você foi bom e raivoso
Quero você pense na última vez em que esteve realmente furioso; não só um pouquinho bravo, mas realmente lívido de raiva. Pense em um momento no qual você foi um dez naquela escala de classificação de que mencionei antes. Talvez tenha perdido o controle um pouquinho? Ou não perdeu o controle, mas teve que sair de perto das pessoas para não fazer algo de que poderia se arrepender. Diagrame o episódio usando o modelo que discutimos no capítulo 2. Qual foi a provocação? O que estava fazendo quando isso aconteceu e qual era sua disposição? Como interpretou a provocação? Como aqueles três elementos (precipitante, estado pré-raiva e avaliação) se uniram para causar uma raiva tão intensa?

Agora que já fez isso, pare um momento e reflita sobre o que aconteceu em seu corpo. Pense em como seu coração ficou, em como seus músculos ficaram, em como sentiu o estômago e o que conseguia ouvir e ver. Pense em cada uma das seguintes partes do corpo e descreva como as sentia e o que elas faziam durante o episódio de raiva:

- Coração;
- Músculos;
- Estômago;
- Boca;
- Rosto;
- Mãos.

Suspeito de que você tenha sentido alguma coisa mais ou menos assim: sua frequência cardíaca aumentou, muito provavelmente, e os músculos se contraíram. Seu rosto pode ter ficado avermelhado, e você começou a respirar de maneira mais rápida. Talvez tenha comprimido os lábios, enrugado a testa e, talvez, até dilatado as narinas. Se estava realmente zangado, pode ter começado a tremer, e a boca pode ter ficado seca. Às vezes, quando as pessoas se ofendem de verdade, relatam visão de túnel, perdem a visão periférica e só enxergam o que está diante delas.

Talvez você nunca tenha estado com raiva a ponto de sentir todas essas coisas ao mesmo tempo, mas provavelmente chegou perto disso em um dado momento (ou em vários) e consegue entender os sentimentos.

Estados internos

Passamos o capítulo 2 falando principalmente sobre a história que acontecia fora do seu corpo quando estava com raiva. Ao mesmo tempo, há uma história fascinante acontecendo dentro do seu corpo. Ela começa no momento em que você recebe uma informação que julga ser causadora de raiva. Essa informação chega pelos sentidos, normalmente olhos e ouvidos.

Por exemplo, você vê alguém furar a fila na sua frente, ou então ouve algum tipo de ofensa. Essa informação é recebida por uma pequena estrutura em forma de amêndoa no fundo do seu cérebro, a amígdala.*

Amígdala

A amígdala é frequentemente comparada a um computador emocional no fundo do cérebro. Como um computador, ela processa dados do mundo exterior e inicia respostas emocionais. Embora sejam sempre mencionadas no singular, são duas amígdalas, uma de cada lado do cérebro, e algumas pesquisas sugerem que podem iniciar diferentes tipos de resposta emocional, com a amígdala esquerda iniciando emoções positivas e a direita iniciando emoções negativas, como medo e tristeza.[6]

Eles fazem essa pesquisa inserindo um eletrodo nas amígdalas de um humano, estimulando-as e observando as respostas. Essa abordagem foi usada não só para pesquisa, mas também para tratamento. Em um famoso exemplo, às vezes mencionado como "o caso de Julia", o dr. Vernon Mark examinou e tratou os impulsos violentos de Julia (não é o nome verdadeiro dela) com essa abordagem. Julia teve encefalite quando era bebê e começou a ter convulsões alguns anos mais tarde. Ela estava com 21 anos quando o dr. Mark começou a tratá-la, e havia atacado pessoas fisicamente em doze ocasiões distintas. Em um caso, ela esfaqueou um desconhecido que esbarrou nela em um cinema. Tentaram diversos tratamentos, inclusive com medicação e terapia de eletrochoque, e nada funcionou.

---

* É a forma de amêndoa que dá a ela seu nome, na verdade, já que amígdala é a palavra em latim para amêndoa. De maneira semelhante, uma estrutura vizinha da amígdala é o hipocampo, nomeado por sua aparência similar a um cavalo-marinho (hipocampo é a palavra em latim para cavalo-marinho). Já vi autópsias cerebrais antes e, honestamente, não vejo a semelhança. Mas a mulher que estava ao meu lado viu, como ficou claro quando ela gritou: "Caramba, isso parece um cavalo-marinho!".

O dr. Mark acreditava que a origem do problema tinha relação com a amígdala dela, e conforme foi descrito em um artigo de 1973 no *New York Times:* "Por meio de pequenas perfurações feitas no crânio de Julia, Mark implantou eletrodos no cérebro. Os cabos, que eram como fios de cabelo, permitiram o monitoramento contínuo de sinais elétricos do cérebro e o envio de cargas de corrente estimulante para o interior da amígdala". Um dia, enquanto os sinais elétricos de seu cérebro eram monitorados, Julia estava tocando violão e, de repente, ela "mostrou os dentes, contorceu o rosto em uma expressão de raiva e arrebentou o violão contra a parede". Enquanto essa explosão acontecia, seu cérebro — especificamente a região em torno da amígdala — enviava uma onda de atividade elétrica consistente com uma convulsão.

No entanto, essa não era a única evidência que o dr. Mark tinha. Ele conseguiu produzir as mesmas explosões violentas enviando "cargas de corrente estimulante para o interior da amígdala". Resumindo, o dr. Mark foi capaz de reproduzir aquelas mesmas explosões violentas estimulando a amígdala. Antes desse caso, havia evidência anedótica de que a violência tinha relação com algumas formas de epilepsia, mas essa foi a primeira vez que a ligação foi estabelecida por meio de um estudo formal como esse.

O que também torna esse caso digno de atenção é que o dr. Mark foi capaz de tratar as explosões violentas de Julia com psicocirurgia. Depois de identificar a fonte de suas explosões violentas em convulsões que ocorriam perto da amígdala direita, ele removeu um pequeno trecho da amígdala. O resultado? Julia teve menos convulsões epilépticas e nenhuma explosão violenta durante os cinco anos seguintes, enquanto foi monitorada.

Assim, o que esses computadores emocionais fazem ao receber e processar essa informação? Ao determinar que você deve ficar com medo, triste ou, nesse caso... com raiva, eles enviam mensagens para diversas outras estruturas no cérebro e provocam uma cascata de respostas psicológicas e comportamentais. Uma das estruturas com que se comunicam é o vizinho hipotálamo, na base do cérebro.

Hipotálamo

O hipotálamo é frequentemente descrito como uma estrutura em forma de ervilha* na base do cérebro. É a parte do cérebro responsável por manter a "homeostase". De maneira geral, o hipotálamo ajuda a manter o conforto. Regula a temperatura do corpo, controla a fome e os ritmos diários relativos ao sono e à pressão arterial, entre outras coisas. O mais importante aqui é que ele ajuda a regular suas respostas emocionais, porque controla o sistema nervoso autônomo.

Você deve se lembrar de algumas dessas coisas das aulas do ensino médio, mas só para recapitular, o sistema nervoso autônomo têm dois ramos primários: parassimpático (descanso e digestão) e o simpático (luta ou fuga). Quando as amígdalas disparam uma resposta emocional, elas mandam mensagens para o seu hipotálamo, que ativa a resposta de luta ou fuga. Essencialmente, o hipotálamo está dizendo ao resto do corpo para deslocar o foco dos procedimentos operacionais padrões (homeostase) para medidas defensivas. Ele está dizendo: "Opa, tem uma crise se formando. Vamos lidar com ela!".

Luta ou fuga

Esse é o ponto na história em que você começa a sentir a raiva fisicamente. O hipotálamo acionou várias outras estruturas cerebrais para

---

* O que me faz pensar — considerando o sistema de nomenclatura que discutimos até agora — por que é chamado de hipotálamo, em vez de "cicer", que é a palavra em latim para ervilha. Acontece que é porque ele fica embaixo do tálamo (hipo significa "sub"). Por sua vez, tálamo significa "câmara", então presumivelmente, o tálamo parece uma câmara?

liberar hormônios que vão aumentar muito sua energia. A adrenalina inunda o sistema para elevar a frequência cardíaca, acelerar a respiração e o fluxo de sangue para os músculos. Esse é um dos mecanismos que o corpo tem para ajudar o indivíduo a responder a uma ameaça ou injustiça. Com a aceleração da respiração e da frequência cardíaca, oxigênio e glicose (açúcar) chegam mais depressa aos músculos, e você é capaz de se mover mais rapidamente, com mais energia e força. Também é por isso que o rosto pode ficar vermelho. O fluxo sanguíneo aumentado que chega às extremidades significa mais sangue no rosto.

Simultaneamente, os músculos se contraem se preparando para a ação. É comum notarmos que a tensão ao longo do tempo, naquela raiva crônica, pode levar a dores severas associadas aos músculos. No momento, porém, podemos tremer, especialmente nas mãos. Esses tremores vêm da tensão muscular de luta ou fuga e do excesso de energia. Todo esse trabalho adicional que seu corpo está fazendo também gera calor, e você pode começar a suar para se resfriar nesses momentos de raiva.

O sistema digestivo também fica mais lento durante a resposta fisiológica à raiva. Embora isso passe despercebido pela maioria das pessoas, tem uma parte que se destaca, quando a boca fica seca — salivar é uma das primeiras etapas da digestão.

Quando estamos em estado de crise, a digestão não é algo que o cérebro considere crítico, por isso essa energia é desviada para outro lugar. O sistema digestivo fica mais lento enquanto o sangue flui para os músculos. O estômago para de secretar enzimas digestivas e os músculos do intestino param de pulsar e interrompem a movimentação do alimento pelo sistema.

Tudo isso acontece tão rápido que chega a ser extraordinário. Em uma fração de segundo, seu cérebro coordena esses diferentes órgãos e estruturas para responder e agir.* E isso é só o que o cérebro coordena de modo automático. Momentos depois, você começa a fazer escolhas intencionais sobre o que fazer com a raiva, e tudo isso acontece em uma parte inteiramente diferente do cérebro, chamada córtex pré-frontal.

O córtex pré-frontal

Diretamente atrás da testa encontra-se aquela parte do cérebro que muitos dizem que nos faz mais humanos. Ela é chamada de córtex pré-frontal e participa de planejamento, tomada de decisão, comportamento social e outras tarefas cognitivas avançadas que os psicólogos muitas vezes chamam de "funções executivas". Essa estrutura é mais diretamente associada à expressão, controle e até supressão da raiva. Quando você é provocado, experimenta as sensações físicas de raiva imediatamente, mas o córtex pré-frontal é onde você decide o que fazer com essa raiva.

Infelizmente, muito do que sabemos sobre o córtex pré-frontal foi descoberto por relatos de lesões. Por exemplo, o famoso caso de Phineas Gage, 25 anos, operário da construção civil, que sofreu um terrível ferimento na cabeça quando estava trabalhando. Gage explodia um rochedo para abrir caminho para uma ferrovia quando aconteceu um acidente. Uma explosão no interior de um buraco para explosivos projetou uma barra de ferro, que atingiu seu rosto. As barras são usadas para compactar pólvora dentro de um buraco, e essa em particular tinha mais de um metro de comprimento e uns trinta centímetros de diâmetro, além de uma extremidade pontiaguda. A extremidade

---

* Demora muito mais — cerca de vinte minutos — para retornar desse estado energizado, que é algo a que vamos dedicar algum tempo no decorrer do livro, quando falarmos sobre as consequências da raiva crônica para a saúde física.

pontiaguda penetrou o rosto dele logo abaixo da bochecha esquerda, passou por trás do olho esquerdo e saiu pela parte de cima da cabeça. Essa barra de ferro de um metro foi arremessada com tanta força que saiu pelo topo da cabeça e foi aterrissar a mais de dois metros e meio de distância dele.

Por mais assombroso que seja tudo isso, a parte mais chocante é que, de algum modo, Gage sobreviveu. Não só sobreviveu, como estava falando poucos minutos após o acidente e andando sem ajuda de ninguém menos de uma hora depois de ter sido levado ao médico.* Ele ficou hospitalizado por cerca de dois meses antes de voltar para casa.

A história de Gage é contada em praticamente todos os cursos de introdução à psicologia no mundo. Um caso como esse permite aos psicólogos avaliar algo que não seria possível em circunstâncias normais: como as pessoas mudam por causa de um dano significativo ao cérebro. O que Harlow e outros perceberam com Gage foi uma mudança considerável em relação a como ele se comportava depois do acidente. Antes do acidente, Gage era benquisto e esforçado no trabalho. Era considerado disciplinado e responsável, razão pela qual, provavelmente, foi encarregado de responsabilidades tão importantes no emprego. Depois do acidente, porém, foi descrito como irregular, profano, irreverente, impaciente, obstinado e (meu favorito) "inconstante e oscilante".

---

*   Dr. John M. Harlow examinou Gage depois do acidente e escreveu sobre isso no artigo de 1868 adequadamente intitulado "Recovery from the passage of an iron bar through the head" ["Recuperação depois da passagem de uma barra de ferro pela cabeça"]. O artigo inclui algumas frases encantadoras, como "ali começou uma abundante e fétida secreção de pus, sérum e sangue com partículas de cérebro misturadas" e "naquele dia uma sonda metálica foi passada pela abertura no topo da cabeça até a base do crânio". Não há explicação sobre o porquê de Harlow ter sentido necessidade de cutucar o cérebro de Gage com uma sonda metálica. Sendo honesto, a leitura dá a impressão de que ele estava só bisbilhotando.

Curiosamente, o caso de Gage costuma ser discutido em termos das mudanças de personalidade que ocorreram em consequência da lesão. Mas eu diria que, apesar das mudanças na personalidade, elas são mais especificamente relacionadas à capacidade de controle emocional. Na verdade, mais especificamente ainda, à sua capacidade de controle da raiva. Irregular, profano e impaciente; esses são os termos que você usaria para descrever alguém com um problema relacionado à raiva.

Isso também foi confirmado por pesquisas mais formais, com estudos de crianças e também adultos com lesões no córtex pré-frontal demonstrando ruptura na capacidade de entender e administrar sua raiva.[7] Lesões nessa parte do cérebro podem acontecer como resultado de cirurgia cerebral, ferimentos na cabeça (acidentes de carro e bicicleta são motivos de certo modo comuns, considerando que a testa é frequentemente o local de impacto), ou até mesmo abuso de substâncias.

Quando isso acontece, os pesquisadores podem explorar o impacto sobre tomada de decisões, controle emocional e resposta a conflito. Eles descobrem de maneira consistente que lesões nessa área causam dificuldade para controlar emoções e administrar conflito.

A cara de raiva
Pegue seu celular e procure o emoji de raiva no aplicativo de mensagens de texto ou rede social que você usa com mais frequência. Dependendo do aplicativo, ele pode ter alguns desenhos diferentes, mas todos compartilham algumas semelhanças (cor avermelhada, sobrancelhas próximas, lábios apertados). Agora, se conseguir, pense na primeira vez que viu um emoji de raiva. Provavelmente, ninguém precisou explicar que aquilo significava raiva. Você simplesmente soube pela aparência do desenho. De fato, antes das versões modernas de emoji,

as pessoas simplesmente digitavam >:-(ou -_- para indicar raiva. A segunda opção é muito simples. Nada mais que três linhas (hífen, sublinhado, hífen) juntas para parecer um rosto, mas as pessoas conseguem reconhecer o tom emocional básico dessas três linhas sem precisar de muito estímulo.

Na verdade, é fascinante que reconheçamos tão prontamente essas imagens como sinais de raiva sem nenhum incentivo ou ensinamento, e vale a pena pensar no porquê. O que tem nessas poucas linhas que as tornam uma representação tão clara de raiva?

Quando enviam mensagens para o hipotálamo, as amígdalas também mandam mensagens para um grupo de neurônios no tronco cerebral. Esses neurônios, chamados coletivamente de núcleo motor do nervo facial, controlam as expressões faciais que transmitem emoções. Essas expressões emocionais são relativamente universais — vemos muitas semelhanças entre culturas.

Começando pelo topo, uma pessoa com raiva abre mais os olhos e aproxima as sobrancelhas, resultando na famosa "testa franzida", que associamos com bastante frequência a estresse e preocupação. Os olhos podem ficar arregalados ou ainda encarar de um jeito feio. As narinas dilatam e os lábios se comprimem com os cantos voltados para baixo, ou se abrem em um formato quadrado com os dentes expostos. Enquanto isso, o queixo pode se contrair ou se projetar para frente.

Em 1987, um pesquisador das emoções chamado dr. Paul Ekman e seus colegas[8] fizeram um estudo extraordinário voltado para a universalidade das expressões emocionais. Ele pediu a mais de quinhentos participantes de dez diferentes países para olharem dezoito fotos diferentes de pessoas expressando emoções específicas (felicidade, surpresa, tristeza, medo, aversão e raiva). Os participantes eram solicitados a classificar cada rosto em relação a quanto de cada uma dessas expressões estava presente na foto. O que Ekman descobriu foi que, independentemente do país, os participantes reconheciam a emoção pretendida na foto na grande maioria das vezes. Em outras palavras, quando a pessoa na foto estava tentando expressar raiva, quase sempre a raiva era reconhecida, independentemente de onde o observador vivia e foi criado.

Essa é uma descoberta muito importante no grande esquema da pesquisa de emoções que remete ao tema geral deste livro: a raiva é boa para você desde que a entenda, administre-a e a use de maneiras saudáveis. Em essência, o que Ekman descobriu foi uma universalidade de expressões emocionais por meio de culturas. Se os seres humanos do planeta expressam sua raiva basicamente do mesmo jeito, isso sugere um estilo inato de expressão. E se é algo incorporado, provavelmente significa que serviu a um propósito evolutivo.

Pense nisso da seguinte maneira: se expressões emocionais fossem aprendidas exclusiva ou primariamente com nossos responsáveis, veríamos grandes diferenças entre as culturas. A expressão da raiva na Austrália seria consideravelmente diferente de como ela é expressa na América do Norte, por exemplo. Mas não é assim que funciona. Vemos que a raiva, bem como outras emoções básicas como medo, tristeza e alegria são prontamente reconhecidas por meio das culturas, até entre aquelas que tiveram pouco ou nenhum contato umas com as outras.

Nada disso pretende minimizar a ideia da existência de diferenças culturais em relação à expressão emocional. Elas existem, com certeza. No entanto, essas diferenças tendem a ser minimizações ou exageros dessas expressões inatas (quanto tempo alguém sustenta um sorriso no Japão pode ser diferente de quanto tempo alguém sustenta um sorriso nos Estados Unidos).

Em 1990, o dr. David Matsumoto testou essa ideia pedindo aos participantes do Japão e dos Estados Unidos para classificar a adequação de diferentes expressões emocionais em diferentes situações sociais. Foram mostradas fotos aos participantes, aos quais foi perguntado quão apropriado seria expressar aquelas emoções se estivessem sozinhos, em público, com a família e assim por diante. Ele descobriu que os participantes japoneses e norte-americanos diferiam em relação a quanto era apropriado expressar emoções em diferentes cenários. Os participantes japoneses, por exemplo, achavam mais apropriado expressar raiva com pessoas de uma posição inferior do que achavam os participantes norte-americanos.

Nós nos referimos a essas diferentes expectativas no que diz respeito à expressão emocional como "regras de exibição" e as aprendemos com nossos cuidadores e pares. A expressão que faço quando estou com raiva é inata, mas quando a exibo, por quanto tempo e a quem a mostro tem suas raízes nas regras de exibição que aprendi com meus pais. Se sua mãe ou seu pai gritavam e berravam quando estavam com raiva, é provável que você faça a mesma coisa. Parte disso acontece pelo exemplo, à medida que aprendemos pela observação como nossos modelos expressam sua raiva. Às vezes, porém, isso acontece por meio de recompensas e punições mais diretas. Quando as crianças conseguem o que querem batendo, aprendem a bater. Quando são recompensadas por conter impulsos, aprendem a suprimir.

Expressões faciais de raiva, porém, nem sempre são voluntárias. Longe disso. Imagine, por exemplo, que você está em uma reunião com seu chefe e alguém fala alguma coisa que o enfurece. Você fica com raiva, mas como seu chefe está ali, sente necessidade de esconder essa raiva. É possível que, antes de conseguir controlar essa raiva, seu rosto o traia por um breve momento e a raiva fique visível para todos na reunião. Isso reflete a diferença entre expressões emocionais voluntárias (que são controladas pelo córtex motor primário) e involuntárias (controladas por um sistema subcortical).* Quando você é provocado, essas estruturas no fundo do cérebro iniciam imediatamente a resposta facial antes que você consiga substituí-la por uma resposta emocional intencional. Rapidamente, porém, o córtex motor primário, uma estrutura no lobo frontal do cérebro, assume o comando e inicia a expressão intencional, que pode ser consistente ou inconsistente com como você realmente está se sentindo.**

A postura raivosa

Na verdade, não expressamos emoções apenas com o rosto, mas com todo o corpo assumindo uma determinada postura. Essa postura, junto com a expressão facial de raiva, ajuda a comunicar que estamos zangados, uma importante função da emoção. No entanto, ela faz mais que isso. A postura também parece comunicar a nós mesmos que estamos com raiva. Por mais confuso que isso pareça, vamos ver esse exemplo. Em uma matéria que leciono chamada Psicologia da Emoção, peço aos alunos para adotar a posição física e as expressões faciais de emoções específicas (raiva, tristeza, medo e felicidade) para ver como se sentem. Dou a eles as seguintes instruções para a raiva: unir e abaixar as sobrancelhas. Cerrar os dentes com força e comprimir os lábios. Plantar os pés no chão diretamente abaixo dos

---

*   Isso ajuda a explicar a falsidade dos sorrisos artificiais nas fotos. Reproduzir intencionalmente um sorriso real, provocado por alegria, é uma habilidade que alguns simplesmente não têm.

**   Essas expressões faciais imediatas são chamadas "microexpressões", e prestar atenção a elas é um dos recursos que o dr. Paul Ekman sugere que você use para saber quando as pessoas estão sendo desonestas. As microexpressões revelam os verdadeiros sentimentos das pessoas, enquanto as expressões subsequentes transmitem o que elas querem que você pense.

joelhos, e apoiar antebraços e cotovelos nos braços da cadeira. Cerrar os punhos com força e inclinar o tronco ligeiramente para frente.*

Considerando a natureza do curso, é bem óbvio para eles por que faço esse pedido e qual resultado espero. Porém eles me dizem com frequência que adotar essa postura os leva a sentir, mesmo que levemente, as emoções que combinam com ela. Quando os oriento a "Levantar as sobrancelhas e abrir bem os olhos. Mover a cabeça para trás de forma a encolher um pouco o queixo e deixar a boca relaxada e um pouco aberta", eles relatam medo. Quando digo: "Levantem os cantos da boca e afastem um pouco os lábios", eles relatam felicidade.

Essas instruções vêm de um artigo de 1999 intitulado "Efeitos combinados e separados de expressões faciais e posturas corporais sobre sentimentos emocionais".[9] Os autores tentavam determinar se adotar expressões faciais e posturas corporais de determinados estados de sentimentos (raiva, tristeza, medo e felicidade) levariam os participantes a realmente sentir as emoções selecionadas, se fazer uma cara de felicidade faria o indivíduo começar a sentir felicidade. Além disso, eles queriam explorar postura e expressão facial separadamente (cara de raiva isolada, postura corporal de raiva isolada, cara e postura de raiva juntas). Descobriram que, pelo menos com a raiva, cada uma dessas condições (só cara, só postura e as duas juntas) levava a sentimentos de raiva, mas, com as duas juntas, os sentimentos de raiva eram mais intensos.

Juntando as partes dessa história

Se unirmos esses diferentes elementos, fica deste jeito: notamos uma provocação e as amígdalas reagem estimulando o hipotálamo e o

---

* É muito desconcertante olhar para uma sala cheia de alunos que foram instruídos a olhar para você com raiva.

núcleo motor do nervo facial. Em menos de um segundo, o hipotálamo orquestra uma resposta psicológica coordenada para responder à provocação. Enquanto isso, o núcleo motor do nervo facial dirige os músculos da face para que componham uma expressão de raiva. Nesse ponto, ainda menos de um segundo depois da provocação, as mensagens chegam ao córtex pré-frontal, que é onde começamos a tomar decisões sobre como responder. Escolhemos expressar essa raiva fisicamente? Verbalmente? Suprimimos a raiva e mantemos a paz? Respiramos fundo para tentar acelerar o retorno ao estado de relaxamento? Que expressão facial e postura adotamos, agora que retomamos o controle? Essas são questões complicadas e, para responder a elas, precisamos interpretar várias pistas contextuais.

Valor evolutivo da emoção

Quando pensamos em todos esses diferentes componentes psicológicos da experiência de raiva, eles falam de um fato crítico sobre a raiva. Como todas as emoções, a raiva existe em nós porque ofereceu aos nossos ancestrais humanos e não humanos um benefício de sobrevivência. Essas estruturas cerebrais, expressões faciais e posturas corporais não acontecem por acidente. Aconteceram por intermédio de centenas de milhões de anos de nossos ancestrais sobrevivendo à forças hostis da natureza.

De fato, Charles Darwin comentou sobre essas expressões em seu livro de 1872, *A expressão das emoções no homem e nos animais*. Aqui, Darwin argumentou que vemos notáveis semelhanças em como animais e humanos expressam várias emoções, inclusive raiva. Ele descreveu como cachorros, quando hostis, mostram os dentes, e como o pelo fica eriçado em suas costas. Da mesma maneira, gatos tentam aumentar de tamanho arqueando as costas. Com relação aos nossos parentes mais próximos, os primatas, Darwin descreveu como alguns ficam com a cara vermelha quando estão com raiva, como alguns encaram de maneira feroz um provocador e como alguns comprimem os lábios, ou mostram os dentes quando ficam zangados. Seguindo a mesma direção, ele até descreveu como alguns babuínos batem com as mãos no chão em um ataque de raiva, e os comparou a como alguns humanos batem na mesa quando ficam furiosos.

Três benefícios da raiva

A raiva faz por você três coisas que foram essenciais para sua história evolutiva, e agora o ajuda de outras maneiras:

1. A raiva o alerta para injustiça;
2. A raiva o energiza para confrontar injustiça;
3. A raiva comunica seu status a outras pessoas.

Alerta para injustiça

A amígdala, aquele computador emocional que recebe informação e é responsável por iniciar a resposta de raiva, tem algumas das mais profundas raízes evolutivas das estruturas do cérebro. Ela ofereceu a criaturas dos primórdios o benefício para a sobrevivência de alertá-las para o perigo por meio do medo, assim como para a injustiça por meio da raiva. Quando as amígdalas enviam esses sinais de raiva para outras estruturas próximas e também muito antigas do cérebro, essa é uma das maneiras de o cérebro comunicar que você está sendo maltratado.

Basicamente, você está sendo alertado para um problema no seu ambiente. Quando falo sobre isso em aula, e os alunos estão fazendo anotações freneticamente e não olham para mim, dou um soco forte na mesa para assustá-los. Eles reagem de maneira previsível. Alguns pulam, e outros até sufocam um grito. Todos olham para mim, esquecendo as anotações que estavam fazendo. Mesmo sendo o medo no lugar da raiva nesse caso, ele ilustra o benefício de sobrevivência oferecido pelas amígdalas. Quando você nota um possível perigo ou injustiça, abandona tudo que está fazendo para prestar atenção à ameaça ou ao problema. As anotações que eles faziam não têm mais importância, porque eles podem estar em perigo ou sob ataque.

Energizar para confrontar injustiça

Tão importante quanto o benefício anterior, quando seu hipotálamo — outra estrutura muito antiga do cérebro — inicia a resposta de luta ou fuga, ele desvia a energia de seu corpo para confrontar aquela injustiça ou resolver aquele problema específico. Quando enfrenta uma provocação, como uma fechada no trânsito, um juiz apitando errado em um jogo de futebol ou alguém que nos trata com crueldade, o sistema nervoso simpático entra em cena e o corpo se prepara para a luta.

A nossa frequência cardíaca, pressão arterial e respiração aumentam para que seja possível levar oxigênio às extremidades, permitindo que se faça mais esforço. As pupilas dilatam e os olhos se abrem para melhorar a visão, começamos a suar para baixar a temperatura do corpo e o organismo desliga os órgãos não essenciais do sistema digestivo para economizar energia. Agora temos a energia nos lugares certos para poder lutar contra a injustiça ou resolver o problema.

Comunicar seus sentimentos de raiva

A comunicação emocional, que acontece pelas expressões faciais e pela postura corporal, é igualmente crítica para a sobrevivência humana e animal.

Quando fazemos cara de raiva ou adotamos uma postura raivosa, estamos informando às pessoas que nos cercam como nos abordar. Isso foi reconhecido por Darwin, que disse que a maioria das espécies tenta adotar um tamanho formidável quando provocada, presumivelmente com a intenção de causar medo nos inimigos. Em cães e gatos, pode ser o eriçar de pelos e o arquear das costas. Os ursos se apoiam sobre as patas traseiras e levantam as dianteiras. Até as aves tentam parecer maiores erguendo as penas.

Tais posturas e expressões faciais são importantes ferramentas de comunicação, porque podem impedir uma briga antes que ela comece. Nos animais, muitas vezes chamamos esses comportamentos, em particular os traços faciais raivosos (mostrar os dentes, encarar), de gestos ameaçadores. Quando encaramos as pessoas ou comprimimos os lábios, estamos avisando a elas que devem se aproximar de nós com cautela. Estamos enviando uma mensagem muito clara de que estamos com raiva — talvez delas — e que devem prestar atenção ao modo com que vão interagir conosco.

Ainda mais sutil que isso, aquelas microexpressões de raiva podem comunicar a um filho ou parceiro que alguma coisa que fizeram foi cruel ou dolorosa. É uma maneira de dizer sem palavras: "Por favor, não faça mais isso". Eu me lembro, por exemplo, de tentar sempre ler o rosto de meu pai. À mesa do jantar, ou quando ele chegava em casa do trabalho, eu precisava saber se ele estava bravo, porque tinha que saber como me aproximar dele. Se estivesse bravo — comigo ou com outra pessoa — eu saberia que era melhor não interagir com ele por algum tempo, dar espaço. Aprendi que esses não eram bons momentos para piadas ou bobagens. A raiva era adaptativa para ele (não necessariamente para mim ou para nosso relacionamento), porque significava que as pessoas o deixavam em paz quando ele não queria ser incomodado.

> **ATIVIDADE: REFAZER O DIAGRAMA DAQUELE INCIDENTE DE RAIVA**
>
> Para esta atividade, vamos rever o mesmo incidente de raiva que você diagramou no capítulo anterior. Mas dessa vez, foque três questões específicas:
>
> 1. Como a raiva o alertou para uma injustiça? De que maneiras mente/corpo o informaram de que você tinha sido maltratado?
>
> 2. Como foi a experiência de raiva em seu corpo? Como se sentiu fisicamente e como isso o ajudou ou atrapalhou ao responder à injustiça?
>
> 3. Como comunicou essa raiva verbalmente e não verbalmente, incluindo postura e expressões faciais intencionais e não intencionais?

As atividades tremendamente complicadas do cérebro

Essa resposta coordenada psicológica e comportamental é extraordinária. Quando se pensa em todas as estruturas envolvidas e na rapidez com que isso tudo acontece, é realmente fenomenal. No entanto, ao mesmo tempo, o cérebro está envolvido em outro processo complicado e ainda mais misterioso: pensar e interpretar a provocação. Ele está tentando entender o que aconteceu e decidir por que aconteceu, quem é o responsável e qual é a gravidade.

PENSAMENTO RAIVOSO 4

Sente-se e relaxe

Em 31 de janeiro de 2020, Wendi Williams embarcou em um voo da American Airlines de Nova Orleans, Luisiana, para Charlotte, Carolina do Norte. Ela é professora e voltava de uma viagem de trabalho depois de uma conferência. Era um voo relativamente curto — menos de duas horas —, mas quando teve a oportunidade de sentar-se e relaxar, ela a aproveitou, e reclinou o assento. Não tinha ideia de que com isso desencadearia uma cadeia de acontecimentos que acabaria em imenso debate na internet sobre etiqueta em viagens aéreas.

Se você não conhece a história de Wendi, aqui vai um resumo:[*] O homem sentado atrás dela (atualmente não identificado) estava na última fileira, portanto, era incapaz de reclinar o assento. De acordo com um dos tuítes de Wendi, ele pediu "com arrogância" que ela

---

[*] Estou construindo a história de acordo com uma variedade de artigos que foram escritos sobre ela e tuítes de Wendi Williams sobre o incidente. É bem possível que a versão da história que apresentei não corresponda exatamente ao que aconteceu. A boa notícia aqui é que os detalhes são menos importantes que o panorama ampliado e a visão geral à ocorrência.

levantasse o encosto durante a refeição. Ela atendeu ao pedido, mas voltou a reclinar o encosto depois de comer. Ele ficou bravo (de novo, de acordo com o tuíte dela) e começou a "marretar" seu assento a essa altura, empurrando o encosto umas nove vezes. Ela começou a gravar a interação com o celular.

Na gravação de vídeo, que tem por volta de 45 segundos de duração, é possível vê-lo batendo repetidamente na parte de trás do encosto com o punho fechado, não com força suficiente para machucá-la, mas com o objetivo de ser algo irritante. Em um dado momento, ele se inclina para frente e fala alguma coisa para ela, mas não fica claro o que diz, e continua batendo no assento. Wendi afirma que ele batia com mais força antes, mas parou assim que ela começou a gravar o incidente.

Ela publicou o vídeo no Twitter algumas semanas mais tarde, e uma tempestade quase instantânea se formou na internet. Seguiu-se um debate on-line sobre quando é aceitável reclinar o assento, se ele se comportou de maneira apropriada e até se ela estava dizendo a verdade. O comportamento da comissária de bordo que cuidou da questão foi questionado, e começaram discussões sobre se ela devia ser demitida e se Wendi deveria mover uma ação. Enquanto isso, surgiram pequenas reflexões sobre a falta de civilidade na sociedade moderna e diversos guias foram escritos sobre quando é aceitável reclinar o assento. O CEO da Delta, Ed Bastian, até opinou: "Acho que o mais adequado a se fazer, se você vai reclinar o assento na direção de alguém, é perguntar antes se tudo bem, e depois reclinar".[*]

Eu me interessei imediatamente por essa história, nem tanto pelo debate que a seguiu, mas pela resposta raivosa do homem sentado

---

[*] Você acha que o CEO da Delta voa na classe econômica?

atrás de Wendi. Presumindo que o relato que li seja fidedigno, há de fato um interessante fenômeno cognitivo em ação aqui, de modo que ele e muitas outras pessoas que se manifestaram sobre esse incidente parecem estar seguindo, que é a expectativa de que os outros acatem as mesmas *regras não escritas* que eles.

Eu falei em "regras não escritas" porque, até onde sei, não está escrito em nenhum lugar quando um cliente de companhia aérea é orientado a não reclinar seu assento. De fato, minha experiência tem sido a de as companhias aéreas incentivarem ativamente os assentos reclinados com afirmações como: "Sente-se, relaxe e aproveite o voo", e fazendo questão de informar quando o passageiro pode reclinar o assento e quando deve devolvê-lo à posição vertical. Portanto, essa regra, a de que as pessoas não devem reclinar o assento, não é algo promovido pela companhia e — com base na discussão que seguiu essa história — muito menos compartilhado universalmente. Ao ler as respostas on-line para esse incidente, parece que algumas pessoas pensam que não há problema nenhum em reclinar, outras acham que é rude.

Com base nos três guias para reclinar o assento em aviões, que li hoje de manhã, alguns aplicam um complicado algoritmo a tudo isso, ao informar que podemos reclinar quando a pessoa na nossa frente reclina, quando a pessoa de trás não é muito alta, mas não durante a refeição, e só em voos longos.

Se fôssemos diagramar o incidente de raiva do ponto de vista do homem sentado atrás de Wendi, ficaria assim. O precipitante é relativamente simples: Wendi reclinando o encosto. Embora seja difícil afirmar com precisão sem falar com ele, podemos especular um pouco sobre o estado pré-raiva.

Ele está em um avião, na classe econômica, assim, pode estar fisicamente desconfortável (esses assentos podem ser bem apertados).

Talvez esteja nervoso com o voo, como acontece com muitas pessoas, e pode até ser induzido a sentir algumas outras fortes emoções, como é frequente em viagens.* Mas a avaliação dele parece ser bem clara. Ele interpretou o comportamento de reclinar o assento como indelicado. Está engajado no mesmo "obrigações designadas aos outros" que discutimos no capítulo 2: "Outras pessoas não devem reclinar o encosto, e ela é mal-educada por fazer isso".

Essas obrigações designadas aos outros causam não apenas a raiva dele por ela, mas também influenciam sua resposta comportamental: socar o encosto do banco. Sua interpretação não é só que ela não deveria empurrar o encosto para trás, é que ele deveria poder puni-la por ter feito isso. O que ele está dizendo é: "O comportamento dela é errado, estou certo por estar com raiva e tenho o direito de tentar fazê-la parar". Com base na resposta on-line para isso, muita gente concorda com ele.

Quero deixar bem claro que não estou defendendo a decisão de reclinar o assento no avião. Sendo honesto, nunca pensei nisso antes, nem imaginava que havia uma etiqueta em torno disso. Na verdade, foi o que tornou o assunto mais interessante para mim. Existem essas regras não escritas flutuando no entorno, e eu as estive violando sem saber de nada. Essas regras estão em todos os lugares. Você deve andar ou ficar parado na escada rolante? Em que volume pode falar ao celular quando está em um espaço público? Deve pagar com cartão de crédito, ou dinheiro vivo ainda é aceitável em certos contextos? Existem opiniões fortes sobre algumas dessas regras, e elas acabam provocando raiva quando as pessoas as violam.

---

* O pesquisador de emoções que há dentro de mim adora o aeroporto. Não existe lugar melhor para observar emoções. Medo de voar, frustração com atrasos, tristeza com despedidas ou alegria por estar a caminho de um lugar novo, muitas emoções fortes são experimentadas ali.

Pensamentos raivosos

Há cerca de vinte anos, eu estava em uma reunião com meu orientador, dr. Eric Dahlen. Tinha terminado meu mestrado, e era hora de dar atenção ao doutorado. Não me lembro de quais opiniões eu estava considerando, mas tenho certeza de que esperava algo relativamente simples e direto. Tinha visto muita gente enroscada em dissertações complicadas que atrasavam a conclusão do grau. Não queria que isso acontecesse comigo.

Eu era diferente dessas outras pessoas na medida em que realmente amava a pesquisa acadêmica e também planejava continuar com ela logo depois da formatura. Dito isso, assumir um projeto grandioso demais poderia ter consequências bem negativas para minha carreira. O campo da psicologia é repleto de ABDs ("all but dissertation") ["tudo menos dissertação"], e eu não queria que isso acontecesse comigo.

Queria fazer alguma coisa relacionada ao pensamento raivoso, e Eric e eu conversávamos sobre algumas possibilidades. Ele disse: "O problema é que não temos como medir pensamento raivoso... Essa é sua dissertação. Você deveria desenvolver uma pesquisa de pensamentos raivosos".

Confesso que entrei em pânico. A geração de pesquisa pode ser uma coisa tediosa e que consome muito tempo. Provavelmente, seriam necessários alguns estudos-piloto, colher dados de um número enorme de participantes e usar algumas abordagens estatísticas que eu ainda não tinha aprendido. Respondi à sugestão com uma risada nervosa, e ele disse: "Sério... pense nisso. Seria uma contribuição significativa para o campo".

E nós pensamos. Estudamos a literatura sobre avaliação cognitiva relacionada à raiva e identificamos tipos diferentes de pensamento raivoso. Entrevistamos pessoas sobre seus pensamentos raivosos, escrevemos questões de pesquisa, pedimos que especialistas as revisassem e reescrevemos essas questões de pesquisa, e pedimos que especialistas revisassem essas também. Colhemos dados-pilotos de centenas de pessoas para estreitar a coleção de perguntas, e depois de tudo isso, colhemos dados de quase quatrocentas pessoas sobre os tipos de pensamentos que tinham quando ficavam com raiva. Correlacionamos esses dados com as pesquisas que mediam raiva, tristeza e ansiedade. Exploramos as diferenças entre os participantes mais raivosos e os menos raivosos, e construímos uma pesquisa final chamada Angry Cognitions Scale [Escala de Cognições Raivosas].*

A Angry Cognitions Scale mede cinco tipos sobrepostos de pensamentos raivosos que haviam sido descritos na pesquisa em relação à raiva: supergeneralização, exigência, atribuição errada de causalidade, catastrofização e rotulagem inflamatória. Provavelmente há outros, e vamos descrever alguns desses à medida que avançamos, mas esses cinco tipos se destacam como pensamentos que as pessoas raivosas têm e levam frequentemente à raiva aumentada.

Supergeneralização

Você já teve que parar em um sinal fechado e disse para si mesmo: "Por que *sempre* pego todos os faróis fechados?". Ou uma colega de trabalho esqueceu de fazer alguma coisa, e você disse: "Ela *sempre* faz isso!". Esses são exemplos de supergeneralização, que é quando descrevemos acontecimentos de maneira excessivamente ampla. Esse tipo de pensamento é relativamente fácil de notar, porque existem algumas palavras-padrão a se procurar: sempre, nunca, todos, ninguém.

---

* Embora tenhamos trabalhado muito na escala em si, obviamente não trabalhamos muito no nome dela.

A supergeneralização está ligada à raiva porque você tende a pegar um incidente isolado e responder a ele como se fosse um padrão. Na sua cabeça, ele não é mais um caso isolado que está acontecendo naquele momento. Tornou-se uma situação duradoura e recorrente. Nos exemplos indicados, você não é mais forçado a parar por um único sinal vermelho que vai atrasar seu trajeto em alguns minutos. Você transformou esse caso único em uma série de acontecimentos negativos que o atrasam eternamente. Você agora é atrasado de maneira consistente por faróis vermelhos e, por isso, sofreu atrasos frequentes. Sua colega não cometeu um único erro que lhe custou trabalho extra. Ela *sempre* comete esses erros, aumentando sua carga de trabalho e exacerbando seu sofrimento.

Exigência

Quando as pessoas colocam as próprias vontades e seus desejos acima de vontades e desejos daqueles à sua volta, isso é exigência, que inclui aqueles pensamentos de "obrigações atribuídas a outros" dos quais falamos. Quando o carro da frente vai mais devagar do que eles querem ir, podem dizer: "Essa pessoa precisa acelerar para eu poder chegar ao trabalho". Quando estão esperando na fila de uma loja e a pessoa da frente está demorando mais tempo que o usual, podem pensar: "Esse lugar precisa de mais funcionários para eu não ter que esperar tanto tempo".

Pensamentos exigentes como esses levam à raiva por razões relativamente óbvias. Todo mundo tem desejos frustrados ao longo do dia. As pessoas dirigem mais devagar do que gostaríamos, prestadores de serviço são lentos demais para nós, ou os colegas de trabalho não se dedicam tanto quanto esperamos. Quando vivemos essas vontades e esses desejos não atendidos, podemos interpretá-los de várias maneiras. Podemos reconhecer que o mundo nem sempre se move no ritmo que desejamos, ou elevamos esses desejos não atendidos e os tornamos mais que um desejo, uma espécie de ordem.

Presumindo que o outro motorista esteja dirigindo no limite de velocidade permitido ou perto dele, não é razoável dizer que ele *deveria* dirigir na velocidade que queremos só porque queremos. Da mesma maneira, é provável que nossos colegas de trabalho tenham outras demandas e não necessariamente precisem focar a tarefa exata que queremos no momento exato em que queremos que se dediquem a ela. A exigência muitas vezes remete a ter algumas regras não escritas sobre como as pessoas devem ou não agir, quanto tempo as coisas devem ou não demorar e o que merecemos e não merecemos. Quando as pessoas não compartilham as mesmas regras com as pessoas com quem interagem, é comum que a raiva apareça.

Atribuição errada de causalidade

Imagine que você está esperando na fila em algum lugar, e alguém aparece e entra na sua frente. Você pode interpretar essa situação de várias maneiras. Uma possibilidade é que a pessoa simplesmente não viu você ali e tudo foi um acidente. Outra possibilidade é que ela viu você ali e entrou na sua frente de propósito. Você poderia até seguir esse pensamento com outros pensamentos adicionais sobre por que a pessoa fez isso de propósito (porque você parece fraco, por exemplo, e ela achou que podia tirar proveito disso, porque acredita ser mais importante que você).

Quando as pessoas interpretam causa ou atribuem culpa incorretamente, dizemos que isso é atribuição errada de causalidade, e esse é outro tipo comum de pensamento raivoso. Ele pode ter várias formas distintas. No exemplo relatado há pouco, foi uma interpretação de *por que* alguém fez o que fez. Também poderia ser só culpar a pessoa errada por um engano. Você chega em casa depois do trabalho, vê uma poça de água no chão e culpa um de seus filhos por ter derramado e deixado de limpar. Pode ter sido uma dedução razoável a partir do comportamento anterior deles, porém mais tarde você descobre que foi seu marido que fez a sujeira e já ia limpar tudo. A raiva surgiu por causa de uma atribuição errada de causa.

É bem óbvio por que esse tipo de pensamento é muito associado à raiva. Se interpretamos que coisas negativas foram causadas intencionalmente por outra pessoa, é claro que somos propensos a ficar com raiva do suposto culpado. O que é interessante é a rapidez com que algumas pessoas externalizam culpa. Quando as pessoas perdem a chave do carro, por exemplo, podem dizer alguma coisa como: "Para onde foi aquela chave?". Pode ser sutil, mas a linguagem externaliza a responsabilidade do carro à chave por *ter ido a algum lugar,* em vez de pôr a responsabilidade no lugar certo com um comentário como: "Onde eu coloquei aquela chave do carro?".

Catastrofização

Muitos desses tipos de pensamentos refletiram uma avaliação primária, quando avaliamos a origem da provocação. Catastrofizar, no entanto, reflete mais uma avaliação secundária, quando avaliamos nossa capacidade de lidar com a provocação. Exatamente como parece, catastrofizar é aumentar as coisas de modo desproporcional ou categorizar acontecimentos de formas muito negativas. Você enfrenta um contratempo relativamente pequeno e responde com: "Bom, agora o dia todo está arruinado".

Você está dirigindo para o trabalho e o trânsito está incomumente ruim. Você não sabe o motivo (uma oportunidade para atribuição errada de causalidade), mas sabe que o tráfego vai fazer você chegar atrasado no trabalho. Por outro lado, há muitas maneiras possíveis de interpretar esse atraso, em relação ao que ele vai significar na sua vida. Uma interpretação pode ser refletir sobre quanto você vai se atrasar de fato e considerar como isso vai influir no seu dia. Talvez se atrase vinte minutos, o que é frustrante, é claro, mas não necessariamente catastrófico (dependendo, é óbvio, do que planejava fazer nesses vinte minutos). Uma resposta mais catastrófica seria começar a ter pensamentos como: "Bom, agora meu dia inteiro foi destruído" ou "Isso estragou tudo".

Essa tendência para catastrofizar torna mais difícil para a pessoa sentir que pode lidar com acontecimentos negativos. Quando você interpreta o desfecho de uma provocação como catastrófica, começa a sentir que perdeu o controle. Sente que o mundo decidiu acabar com você e que não há nada que possa fazer quanto a isso.

Rotulagem inflamatória

Quando rotulamos pessoas ou situações de maneiras altamente negativas, inflamatórias ou cruéis, ficamos com mais raiva do que ficaríamos de outra forma.* Quando alguém serve seu prato errado em um restaurante, você pode dizer que todos são "completos idiotas". Quando um colega não termina um projeto no prazo, você pode dizer que ele é "totalmente imprestável". Quando está dirigindo e leva uma fechada, você pode chamar o outro de "babaca". Esses rótulos têm o efeito de aumentar a raiva que sentimos em resposta a acontecimentos negativos, porque removem nuances de como interpretamos essas situações.

Por exemplo, o colega de trabalho provavelmente não é "totalmente imprestável". Uma descrição muito mais precisa seria a interpretação com mais nuances de que ele cometeu um erro ou ficou

---

* É quase impossível escrever sobre rotulagem inflamatória sem xingar. Dito isso, decidi não usar palavrões, o que torna alguns exemplos um pouco artificiais. Se você, assim como eu, é boca-suja, insira um vocabulário mais criativo conforme for adequado ("Que idiota" deve se tornar "Que idiota do c@#@lho").

sobrecarregado a ponto de não conseguir terminar o projeto no prazo. Isso não remove a responsabilidade pelo atraso e não significa que não devemos ficar com raiva. No entanto, uma interpretação mais precisa do trabalho do colega provavelmente vai causar menos raiva.

É fácil pensar que estamos rotulando essas pessoas de maneira negativa porque estamos com raiva em vez de pensar em como o rótulo pode influenciar nossa raiva. É claro, provavelmente é verdade. Não os chamaríamos de idiotas se não estivéssemos com raiva deles. O problema é que, depois que rotulamos aquela pessoa que nos fechou no trânsito de idiota, continuamos pensando nela e respondendo a ela daquele jeito. Isso é especialmente verdadeiro quando não sabemos muito sobre a pessoa. Não pensamos mais nela como um ser humano que pode ser inteligente, mas só cometeu um engano. Agora pensamos nessa pessoa como babaca e respondemos a ela de acordo.

Não necessariamente "irracional"

Alguns referem-se a pensamentos desse tipo como "distorções cognitivas" ou "crenças irracionais", expressões usadas pelos conhecidos terapeutas cognitivos drs. Aaron Beck e Albert Ellis. A ideia é que parte da razão para as pessoas ficarem com raiva (ou tristes, com medo, culpadas etc) é não estarem vendo e interpretando o mundo com precisão. Do ponto de vista de alguns terapeutas cognitivos, as pessoas sentem emoções desajustadas porque têm cognições desajustadas.

Para ser honesto, muito do início do meu trabalho, inclusive no mestrado e doutorado, usava-se essa linguagem. Mas ela não é inteiramente justa. Esses pensamentos não são necessariamente irracionais ou distorcidos. Às vezes, são precisos. Às vezes, outras pessoas têm culpa pelos problemas que estamos enfrentando. Às vezes, as coisas deveriam funcionar melhor do que realmente funcionam. Às vezes, as coisas são realmente terríveis.

No entanto, independentemente da precisão dos pensamentos, sabemos que pessoas que pensam regularmente dessa maneira são propensas a sentir raiva com mais frequência e intensidade. Usando a escala que desenvolvemos, encontramos relações entre esses tipos de pensamentos e a experiência da raiva. Essas pessoas ficaram com raiva mais frequentemente e expressaram a raiva de maneiras mais hostis e agressivas.[10] Tiveram até mais consequências, como brigas verbais e físicas, direção perigosa ou outras emoções desagradáveis, como tristeza. Além disso, em um estudo posterior no qual as provocamos ao pedir para imaginar uma situação enraivecedora, pessoas que tinham esses tipos de pensamentos ficaram com mais raiva e se mostraram mais propensas a pensamentos de vingança.[11]

Para ilustrar, considere o gráfico que compara as pessoas mais raivosas e as menos raivosas cujos dados coletamos. A linha contínua reflete as pessoas que relatam sentir raiva com mais frequência e das maneiras mais desajustadas. A linha pontilhada representa as pessoas que raramente ficavam com raiva.

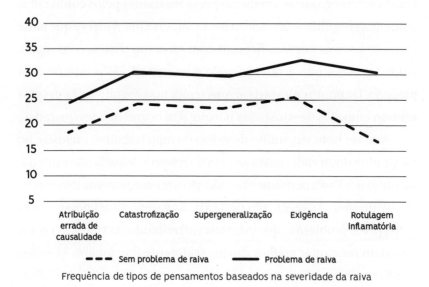

Frequência de tipos de pensamentos baseados na severidade da raiva

O que você vê é que o grupo da raiva é mais propenso a atribuição errada de causalidade, catastrofização, supergeneralização, exigência e rotular as pessoas de maneira inflamatória. Pois bem, você pode pensar que exigência é a maior área de problema, tendo em vista que é dela a maior pontuação dos cinco tipos de pensamentos. Em vez disso, porém, perceba a lacuna entre o grupo raivoso e o grupo não raivoso para rotulagem inflamatória.

Para a maioria desses tipos de pensamentos, o grupo raivoso está cerca de cinco a sete pontos acima do grupo não raivoso. Entretanto, para rotulagem inflamatória, a distância é de catorze pontos, pelo menos o dobro da diferença para qualquer outro tipo de pensamento. A implicação óbvia aqui é que, embora todos esses pensamentos levem à raiva, a tendência para rotular as pessoas negativamente é a mais perigosa.

"Esse trabalho é seu, não meu"

No capítulo 2, eu contei sobre Noah, o ator que ficou com raiva do colega. Quando conversei com ele, perguntei sobre os pensamentos que teve quando isso aconteceu. Ele dividiu os pensamentos em duas categorias: o que estava pensando no momento e o que estava pensando mais tarde, quando remoía a situação no carro, voltando para casa. No calor do momento, ele teve pensamentos como: "O que está fazendo?" e "Sai de perto de mim". No caminho para casa, porém, quando refletiu sobre as coisas, teve alguns pensamentos importantes que ajudaram a explicar a raiva naquele momento.

"Na primeira vez que as coisas deram errado", ele disse, "só pensei, 'ah, isso é teatro ao vivo e é algo que eu não consigo ter total controle'. Mas não gosto de cometer o mesmo erro duas vezes, e definitivamente não gosto que as pessoas à minha volta cometam o mesmo erro duas vezes. Esse trabalho é seu, não meu. Você devia estar cuidando dele.

Em geral, não fico perturbado com isso, mas em uma situação como aquela, com aquelas pressões diferentes, é mais difícil me controlar".

Para realmente entender a avaliação de Noah sobre essa situação, temos que seguir adiante na história, até o ponto em que ele interrompe a ação para falar com o camareiro sobre o que aconteceu. Como você deve lembrar, depois do ensaio, ele disse:

> Em primeiro lugar, lamento ter ficado furioso nos bastidores durante aquela troca. Você precisa entender o quanto é difícil, para mim, guardar na cabeça duas horas de diálogos de uma peça em que só tem mais uma pessoa. Tem muita coisa acontecendo aqui dentro, e é por isso que você e Dana (a outra camareira) são tão importantes nesse processo, por isso que vocês sobem no palco durante os aplausos para agradecer conosco, porque fazem tudo para que Allan (o outro ator) e eu não tenhamos que pensar nas trocas de figurinos. Vocês trabalham para nós encontrarmos um mundo organizado. Por isso ensaiamos essas coisas. Por isso você devia estar anotando tudo. E pensando o tempo todo: "Qual é a próxima?", e começar a preparar. Não quero sair do palco e pensar em mudanças de cena. Tenho muitas outras coisas em que pensar. Essa função não é minha. É sua. Fiquei furioso porque levo isso muito a sério. É minha carreira. E se não tiver um bom desempenho, não sou mais contratado. É simples assim. Por isso tento ser tão bom quanto posso, e por isso insisto tanto para que as pessoas que trabalham comigo sejam tão boas quanto podem ser. Então, só queria que soubesse que gosto muito de você e acho que é uma boa pessoa, e com exceção desse incidente, acho que você é o melhor. Mas se isso acontecer de novo amanhã, vou te matar quando estiver dormindo.

Essa interação nos diz muito sobre como Noah estava avaliando essa situação. Nós o ouvimos dizer as seguintes coisas:

- Você precisa entender o quanto é difícil, para mim, guardar na cabeça duas horas de diálogos de uma peça;
- Essa função não é minha. É sua;
- É minha carreira. E se não tiver um bom desempenho, não sou mais contratado;
- Assim, tento ser tão bom quanto posso, e por isso insisto tanto para que as pessoas que trabalham comigo sejam tão boas quanto podem ser.

Sua interpretação é mais ou menos assim: "É difícil fazer meu trabalho de um jeito bem-feito. Se não o faço bem, tenho que lidar com as consequências, que são significativas. Insisto para que faça bem o seu trabalho, de modo que eu possa fazer bem o meu". Se formos mapear essas afirmações em uma escala de um (mais baixo) a cinco (mais alto) com relação aos tipos de pensamentos da Angry Cognitions Scale, pode ficar mais ou menos assim:

- Supergeneralização: 1. Não vemos muita supergeneralização aqui. Supergeneralizar seria alguma coisa assim: "Ele está sempre cometendo erros" ou "Nunca faz isso como eu quero que faça".
- Exigência: 4. Há uma grande quantidade de exigência em seu processo de pensamento: "Você tem que entender", "Você devia estar fazendo isso" e "Insisto tanto para que as pessoas que trabalham comigo sejam tão boas quanto podem ser".
- Atribuição errada de causalidade: 1. Não é relevante nesse caso. Se ele tivesse especulado sobre por que o camareiro estava cometendo erros (como, "Ele está fazendo isso de propósito"), poderia ser relevante.
- Catastrofização: 5. Noah interpretou isso como relativamente catastrófico. Ao dizer coisas como: "Se não tiver um bom desempenho, não sou mais contratado", ele indica que enganos como esse podem provocar o fim de sua carreira.

- Rotulagem inflamatória: 1. Pelo menos superficialmente, ele não está descrevendo o colega de trabalho de maneiras realmente negativas (não está usando palavras como "incompetente" ou "idiota"). De fato, ele disse coisas bem agradáveis sobre ele, exceto pelo incidente específico.

ATIVIDADE:
MAPEAR SEUS PENSAMENTOS RAIVOSOS

Nos capítulos anteriores, você diagramou um incidente de raiva. Quero que volte a esse incidente e foque exclusivamente o processo de avaliação. Pare um momento para refletir sobre os pensamentos que teve naquele momento (avaliação primária e secundária). Relacione todos que lembrar.

Agora, classifique a série geral de pensamentos de um (nenhum) a cinco (muitos) em relação a cada um dos tipos de pensamentos listados há pouco. Em outras palavras, quando leu a sequência de pensamentos, quanta catastrofização, supergeneralização e assim por diante estava fazendo? Nenhuma? Alguma? Muita?

- Supergeneralização: 1 = Nada; 2 a 3 = Um pouco; entre 4 e 5 = Muito;
- Exigência: 1 = Nada; 2 a 3 = Um pouco; entre 4 e 5 = Muito;
- Atribuição errada de causalidade: 1 = Nada; 2 a 3 = Um pouco; entre 4 e 5 = Muito;
- Catastrofização: 1 = Nada; 2 a 3 = Um pouco; entre 4 e 5 = Muito;
- Rotulagem inflamatória: 1 = Nada; 2 a 3 = Um pouco; entre 4 e 5 = Muito.

> Se quiser comparar esses seus pensamentos com os de outras pessoas com base na Angry Cognitions Scale, pode fazer isso aqui: alltheragescience.com/surveys/.

O direito de ficar com raiva

Quero reiterar, não reconheço ou penso que as interpretações de Noah estão incorretas. Na verdade, acho que é totalmente razoável querer e esperar que os colegas façam bem o trabalho deles e não cometam erros. Desconfio de que Noah está certo sobre uma performance ruim dificultar contratações no futuro. Posso imaginar que a comunidade de atores é relativamente pequena e os erros tendem a se tornar conhecidos. É a isso que me refiro quando falo que às vezes temos o direito de ficar com raiva.

Dito isso, uma descoberta clara e consistente na literatura de pesquisa da raiva é que nem todo mundo tem o mesmo *direito de ficar com raiva*. Enquanto algumas pessoas podem ser recompensadas e elogiadas por sua raiva, outras ouvem que devem ser educadas, se acalmar, e até perdem a credibilidade. Antes que possamos reconhecer plenamente os pontos negativos e positivos da raiva, precisamos entender que as consequências não são distribuídas igualmente.

RAÇA, GÊNERO E RAIVA
5

"Quem pode sentir raiva?"
Alguns dias depois da minha palestra no TED Talks ("Por que ficamos com raiva, e por que é saudável"), participei de um painel de discussão de um grupo de ativistas de Green Bay, Wisconsin. O evento girava em torno do discurso civil nas redes sociais. O palestrante principal, um professor de comunicações na Universidade de Wisconsin-Oshkosh chamado dr. Tony Palmeri, falou amplamente sobre civilidade, abordando com gentileza o que significa ser civilizado, mas discutindo também a ideia de "transformar a civilidade em arma". Ele descreveu um cenário no qual dois bairros na mesma cidade têm recursos muito diferentes. Um bairro tem muitos parques e espaços arborizados para as crianças brincarem, e o outro tem poucos desses espaços. Um tem casas bonitas, vizinhanças seguras e boas escolas, e o bairro vizinho tem casas e escolas malconservadas, negligenciadas. Ele disse: "O que acontece invariavelmente é que as pessoas do lado de lá dos trilhos ficam zangadas e se manifestam, e nesse momento alguém da região 'melhor' diz: 'Precisamos de civilidade'... Peço a todos vocês que se perguntem *onde realmente está a falta de civilidade nesse exemplo*?".

Vemos situações como essas se repetirem com muita frequência. Um grupo é sistemática e profundamente maltratado, e quando responde com alguma forma de raiva, pacífica ou não, é chamado a *ter respeito* ou *ser civilizado*. De acordo com o que diz o dr. Palmeri, em 2015 e 2016, quando deixaram a água de Flint, no Michigan, se tornar tóxica, os cidadãos protestaram ruidosamente e, em alguns momentos, de maneira agressiva. O então governador de Michigan, Rick Snyder (que posteriormente foi acusado de mentir e encobrir a crise em uma matéria publicada pela *VICE*), redigiu uma carta aberta pedindo civilidade no debate público.[12] Alguns meses mais tarde, em um de seus últimos discursos antes de deixar o cargo,[13] ele descreveu a falta de civilidade como a maior ameaça ao país.* O povo de Flint tinha sido envenenado por seu governo, e depois envergonhado publicamente por não ter se zangado contra isso da maneira correta. Enquanto isso, no momento em que escrevo, os Estados Unidos assistem à protestos por todo o país por causa da brutalidade policial contra afro-americanos. As redes sociais estão explodindo com manifestações para que os protestantes *sejam civilizados, calmos, respeitosos* e *pacíficos,* enquanto são atacados por policiais agressivos e ameaçados publicamente pelo presidente dos Estados Unidos. Mais uma vez, vemos pessoas que sofreram tratamento extraordinariamente injusto e abuso sendo censuradas em relação a como *deveriam* expressar sua raiva em resposta a esse tratamento.

    Isso é usar a civilidade como arma, e o subtexto desses dois exemplos é a raça. Nos dois casos, temos protestantes que são majoritariamente afro-americanos e opressores majoritariamente brancos os constrangendo por sua raiva. Isso também foi discutido no mesmo

---

*   Sou forçado a acreditar que o povo de Flint achava que o chumbo na água que eles consumiam era uma ameaça maior.

evento em que o dr. Palmeri foi o principal palestrante. Durante o painel de discussão do qual participei naquele dia, quando verbalizei minha posição sobre a raiva ser uma resposta saudável a maus-tratos, outra integrante do painel chamada Angela Lang me disse: "Podemos falar por um momento sobre quem *pode* sentir raiva?".

Angela Lang é diretora-executiva do Black Leaders Organizing Communities [Líderes Negros Organizando Comunidades]. Ela descreveu para a plateia como sua raiva como mulher afro-americana é percebida, em comparação aos outros que trabalham em posições semelhantes à dela:

Quando vi minhas contrapartes fazendo a mesma coisa, elas eram assertivas. Eram agressivas de um jeito bom. No entanto, eu era uma mulher negra raivosa de um jeito muito negativo. Precisava ser silenciada. Voltando ao policiamento do tom e à civilidade, acho que algo realmente relevante no momento é esta hashtag: #takeaknee. Dizer ao povo que existe um jeito certo de protestar. Dizer às pessoas que tem um jeito certo de sentir raiva, o que é irônico, porque pessoas que são as opressoras dizem à comunidade oprimida que é assim que elas devem lidar com sua raiva. Essa é uma grande parte do motivo pelo qual não sou ativa nas redes sociais... porque quando me defendo, sou vista como a negra raivosa; quando defendo minha identidade ou minhas crenças, isso deixa de ser produtivo, porque sou desprezada com muita facilidade. Ela só está com raiva, seus argumentos não são válidos, e não preciso dar engajamento a ela.

"Quem pode ficar com raiva?" é uma pergunta completamente justa e, sendo honesto, uma boa crítica à minha palestra. O argumento por trás da minha palestra e deste livro é que a raiva é uma força saudável e poderosa em nossa vida, e que devemos usá-la como combustível para nos conduzir a mudanças significativas. Embutido nesse argumento, no entanto, existe a ideia de que há jeitos melhores e piores de expressar a raiva. Posso ver como alguém ouviria minha posição e a interpretaria como "tem um jeito certo de ficar com raiva".

Para realmente deixar claro que a raiva é uma força poderosa e saudável em nossa vida, quero estabelecer algumas coisas:

1. Não existe um jeito *melhor* de expressar raiva;

2. Expressões de raiva são percebidas de maneira diferente com base em gênero, raça e outras características da pessoa raivosa;

3. As consequências dessas expressões são muito diferentes com base no gênero, na raça e em outras características da pessoa raivosa.

Não falei nada disso na minha palestra. Poderia e, talvez, eu deveria ter falado. Não cometerei esse erro novamente, por isso vou falar sobre essas posições agora.

Não existe jeito melhor

Primeiro, não existe um jeito melhor de expressar a raiva. As melhores coisas a fazer quando se está com raiva são sempre contextuais. Depende de quem você é, com quem está, quais são as circunstâncias, quais são os objetivos e um bilhão de outros fatores. Argumentos sobre termos *sempre* que manter a calma ou *nunca* gritar, ou mesmo sobre *sempre termos* que ser pacíficos não têm vida longa comigo.[*] É claro que, às vezes, é sensato manter a calma, mas há momentos quando faz sentido berrar e gritar para ter certeza de que estamos sendo ouvidos. Também há ocasiões em que suprimir os sentimentos no momento é melhor, talvez por causa de com quem estamos, ou talvez para que

---

[*] A essa altura, você provavelmente sabe como me sinto sobre supergeneralizar desse jeito.

possamos expressá-los de um jeito diferente mais tarde, de forma a ter maior probabilidade de ser bem-sucedido.

Em última análise, há infinitas maneiras pelas quais podemos expressar e usar nossa raiva quando estamos zangados. Protestos, organização de boicotes, campanhas com cartas e petições são algumas opções viáveis. Alguns escolhem canalizar a raiva em poesia, arte ou música. Outros preferem se retirar da situação porque têm medo de não conseguir manter a calma o suficiente para ser produtivos. Isso é algo que vamos abordar com detalhes mais adiante, mas é importante notar agora que *administração da raiva* nem sempre é manter a calma. Longe disso. Frequentemente, significa *brigar contra* as injustiças.

Percepções de raiva diferem

Já falei muito de avaliação neste livro. É um aspecto extremamente importante de por que ficamos com raiva. Uma grande razão para isso é que avaliação é um aspecto amplamente influente em todas as interações humanas. As pessoas interpretam as situações em que se encontram com base em como percebem o comportamento das pessoas com quem estão interagindo. Elas levam a essa interpretação os próprios valores pessoais, ideias e vieses. Podemos pensar nisso como uma lente pela qual vemos o mundo e ela é informada por nossa história de aprendizado. Obviamente, o que isso significa no contexto da raiva é que raça, gênero e idade (e outros fatores) da pessoa com raiva importam com relação a como a resposta de raiva é percebida. Como descreveu Angela Lang, nem todo mundo tem a mesma liberdade para expressar sua raiva.

A pesquisa sobre isso é muito clara. Um projeto de pesquisa extraordinário surgiu recentemente, em 2017, quando a dra. Jessica Salerno e colegas exploraram esse tema por meio de um estudo de muitas partes.[14] Primeiro, pediram aos participantes para indicar o grau em que reconheciam e endossavam determinados estereótipos emocionais (tais como: mulheres são mais emocionais que homens; afro-americanos são mais raivosos que norte-americanos brancos). Eles perguntaram a 88 participantes da pesquisa se raiva e medo eram parte do estereótipo para homens e mulheres afro-americanos e brancos. Descobriram que homens brancos tinham mais o estereótipo de raivosos que mulheres brancas, e que homens e mulheres afro-americanos tinham igualmente o estereótipo de raivosos. E confirmando o argumento de Lang, mulheres afro-americanas tinham mais o estereótipo de raivosas que mulheres brancas.

O que isso significa no contexto mais amplo, conforme estabelecido pelos autores, é que "expressar raiva confirma estereótipos sobre homens e mulheres negros, mas viola estereótipos para mulheres brancas". Em outras palavras, quando homens, independentemente de raça, e mulheres afro-americanas ficam com raiva, confirmam os estereótipos para os observadores. O ponto essencial é que, como Lang descreveu em suas experiências pessoais, a emoção é amenizada com mais facilidade. No entanto, quando mulheres brancas ficam com raiva, isso viola o estereótipo e parece mais incomum do que os observadores poderiam esperar.

Essa foi só a primeira parte do estudo. Na parte dois, porém, eles exploraram se as mulheres eram percebidas como menos influentes quando expressavam raiva. A metodologia aqui é complicada e fascinante, assim, me acompanhe por um momento. Para esse teste, eles fizeram 266 participantes assistirem pelo computador a uma simulação roteirizada do julgamento de um homem acusado de assassinar a esposa (com base em um julgamento real). Os participantes da pesquisa serviram como jurados nas deliberações e leram os comentários de cinco outros jurados.

A chave aqui é que os participantes da pesquisa não sabiam que os outros jurados eram falsos. Pensavam estar interagindo com outros participantes da pesquisa, não com o que era só um texto roteirizado. Depois de revisar evidências do julgamento, eles foram solicitados a dar um veredicto e embasá-lo com uma explicação. Depois descobriram que quatro dos outros cinco jurados concordavam com eles, mas havia um que discordava. Eles leram os comentários dos outros jurados e repetiram o mesmo processo. Fizeram isso várias vezes, e o resistente continuava discordando deles. No fim, eles foram informados de que o estudo precisava ser encerrado, porque estavam ficando sem tempo e não haveria decisão final para o julgamento.

Para responder à pergunta da pesquisa ("Mulheres que expressam raiva são menos influentes?"), eles manipularam o gênero do resistente (dando a ele o nome de Jason ou de Alicia) e sua emocionalidade, orientando-os a fazer afirmações como "Sério, isso me deixa furioso/ transtornado". Também acrescentaram pontos de exclamação e letras maiúsculas.* Depois que as deliberações foram "interrompidas" pelo condutor do experimento, os participantes completaram uma pesquisa rápida sobre os outros jurados (em última análise, o verdadeiro desfecho de interesse). Aqui vai o que eles descobriram:

Mulheres resistentes que expressaram raiva (e medo) foram percebidas como mais emocionais e menos influentes que homens resistentes que fizeram exatamente os mesmos comentários e expressaram exatamente as mesmas emoções. Em outras palavras, quando homens expressaram raiva, isso não diminuiu sua influência. Mas quando mulheres expressaram raiva, perderam influência. É exatamente como Lang disse durante aquele painel... mulheres não *podem* sentir raiva da mesma maneira que os homens.

---

* A linguagem universal de texto da RAIVA!

A dra. Salerno e seus colegas levaram as coisas um passo adiante com a parte três de seu estudo. Fizeram a mesma coisa que na segunda parte, mas dessa vez a raça do resistente foi manipulada junto com o gênero. Eles selecionaram o que descreveram como nomes que soam como "de branco" ou "de negro". Os homens eram Logan ou Jamal, e as mulheres eram Emily ou Lateisha. Basearam a decisão de quais nomes escolher em pesquisa prévia e análises-piloto.*

O que aconteceu na parte três? Bem, as descobertas são o que poderíamos esperar com base nas descobertas da parte dois. Seus participantes — dos quais 61% eram mulheres e só 20% brancos — viam resistentes afro-americanos (Jamal e Lateisha) como menos influentes quando ficavam com raiva, enquanto resistentes brancos (Logan e Emily), não. Isso aconteceu apesar de todos os resistentes oferecerem exatamente os mesmos argumentos e expressarem a mesma raiva da mesma maneira. As percepções dessa raiva eram apenas diferentes com base em raça.

Os autores fizeram uma afirmação na descrição dessas descobertas que quero desenvolver um pouco mais, porque têm relação com os comentários de Lang e Palmeri. Especificamente, o artigo diz: "Ser percebido como emocional pode ter dado às pessoas uma licença sem relação com raça para desacreditar as opiniões dos membros afro-americanos (mas não os brancos) do grupo". Essa sugestão está enraizada no que é chamado de "modelo de supressão de justificativa

---

* Vale a pena notar o esforço feito por essa equipe de pesquisadores para garantir que não fizessem presunções irracionais aqui. Eles fizeram uma análise-piloto para garantir que selecionariam nomes que realmente provocariam percepções de raça nos participantes. Depois, fizeram uma checagem de manipulação, na qual confirmaram que ela realmente funcionava e que participantes presumiam que Logan e Emily eram brancos, e Jamal e Lateisha eram negros. Isso é extraordinariamente completo, e me faz ficar ainda mais irritado de como a pesquisa é ignorada pelo público e pelos criadores de políticas em favor de relatos anedóticos e opiniões pessoais.

do preconceito",[15] pelo qual as pessoas tentam evitar preconceito flagrante, mas ainda o expressam quando conseguem encontrar o que consideram uma justificativa. As pessoas procuram intencionalmente, ou não, maneiras de desacreditar meninas, mulheres, não brancos e outros grupos. Nesse caso, a justificativa é emocionalidade, e é usada para desconsiderar as opiniões de mulheres e afro-americanos. Eles querem evitar o preconceito flagrante, então, em vez de dizer "Sua opinião não tem valor para mim porque é afro-americano/mulher", eles dizem "Sua opinião não tem valor para mim porque você é muito emocional/raivoso".

As consequências da raiva diferem

Essas diferenças de percepções têm consequências muito reais para grupos já marginalizados. Para começar, ter seus argumentos minimizados ou ignorados por parecer raivoso traz óbvios resultados negativos. Você precisa trabalhar mais e melhor para "se controlar" do que teria que fazer um homem branco para alcançar o mesmo nível de influência. Em outras palavras, o que isso realmente significa é que, para influenciar alguém de maneira significativa, uma mulher ou pessoa não branca precisa, de alguma forma, comunicar que não sente *muito* intensamente nem se importa *demais*.

Podemos ver isso acontecendo nos Estados Unidos agora mesmo. Enquanto pessoas, muitas delas afro-americanas e/ou mulheres, protestam contra a brutalidade policial, há um contingente de norte-americanos que declaram apoiar a causa, mas não as formas de protesto. Twitter e Facebook estão repletos de pessoas que constrangem os manifestantes por seu comportamento, e uma pesquisa recente revela que, apesar de 89% das pessoas entrevistadas acreditarem que racismo é um problema na sociedade norte-americana, apenas 27% pensam que os protestos atuais são justificados.[16]

Os Estados Unidos estão dizendo, essencialmente: "Concordamos que devem estar com raiva, mas não deveriam expressar sua raiva desse jeito". Vale a pena notar que em 2016, quando o jogador de futebol americano Colin Kaepernick protestou contra a mesma coisa apoiando um joelho no chão durante o hino nacional, ele foi igualmente constrangido. Pesquisas da época indicaram que 61% dos norte-americanos não concordavam com ele.[17]

Mas também há evidência de que afro-americanos e mulheres sofrem consequências ainda mais diretas em razão desses preconceitos. Vejamos, por exemplo, um estudo de 2020 que descobriu significantes disparidades raciais/étnicas e de gênero relacionadas ao modo pelo qual a terapia de administração da raiva é usada como uma condição legal para liberdade condicional.[18]

Os autores estudaram dados de infratores da lei de um departamento de liberdade condicional para adultos no Texas. Eles reuniram registros de mais de 4 mil pessoas, e esses registros incluíam idade, raça, gênero, natureza do crime e se o juiz havia incluído administração da raiva como parte das diretrizes da sentença/condicional. As infrações incluíam crimes violentos como agressão, mas também crimes não violentos como posse de droga, dirigir alcoolizado e roubo. Os autores estavam interessados nas proporções em que a administração da raiva era designada como condição de liberdade condicional, independentemente de outros fatores, por isso usavam uma técnica estatística que *controlaria* o tipo de crime, o juiz e o local do crime.

O que descobriram é perturbador. A boa notícia é que o tipo de ofensa explica por que algumas pessoas foram encaminhadas para treinamento de administração da raiva. Se você cometeu um crime violento, tem quase quinze vezes mais chances de receber treinamento de administração da raiva. Isso faz sentido, e você provavelmente ia querer esse resultado.* De modo similar, alguns juízes mais exigentes também eram mais propensos a determinar treinamento de administração da raiva. Isso também não é surpreendente. É de se esperar que juízes exigentes determinem sentenças *relativamente* consistentes.

A parte perturbadora, no entanto, é que mesmo quando você controla todas essas variáveis, as chances de receber administração da raiva como uma exigência de condicional eram duas vezes mais altas para infratores afro-americanos do que os brancos. Essa diferença não foi encontrada quando eles compararam infratores brancos e hispânicos, por isso o papel de raça parece ser único de afro-americanos nesse estudo (embora os autores apontem que outras pesquisas encontraram preconceitos igualmente preocupantes para infratores hispânicos). Essa discrepância era ainda mais nítida quando as análises eram divididas por gênero, com mulheres afro-americanas com quase três vezes mais chances que mulheres brancas de serem sentenciadas a treinamento de administração da raiva.

Para explicar essas diferenças, os autores sugerem o seguinte: "Nossas descobertas podem ser o resultado de descobertas bem pesquisadas de que minorias raciais/étnicas são vistas frequentemente por não minorias como raivosas, hostis ou ameaçadoras". Para ser claro, essas sentenças de terapia de administração da raiva *não substituem* outras consequências. Elas *se somam* a outras consequências, portanto, em última análise, o que está acontecendo aqui é que ser afro-americano traz uma consequência financeira adicional (infratores pagam pelo tratamento) devido àqueles estereótipos de "homens negros/mulheres raivosos". Por fim, para piorar as coisas, os autores apontam resultados muito confusos em relação ao sucesso de

---

* Isso, é claro, presumindo que o treinamento de administração da raiva funcione nesses exemplos, o que o júri pode ainda desconhecer.

terapia imposta de administração da raiva. A terapia pela qual eles são forçados a pagar e da qual participam pode não funcionar para eles.

As consequências do racismo e sexismo para a saúde mental e física

É importante reconhecer que as consequências do racismo, sexismo e outras formas de discriminação institucionalizada são vastas e vão bem além de resultados financeiros e legais negativos. Há também consideráveis consequências para a saúde mental e física. Esse preconceito e essa discriminação levam à exposição em longo prazo à ideia de que ser mulher e/ou não branco é "menos que", e isso traz questões de autoestima que são associadas a problemas de saúde mental, como depressão e transtornos com autoimagem. Da mesma maneira, mulheres e não brancos costumam ser mais expostos a ameaças legítimas à segurança (agressão sexual, assédio, abuso doméstico, brutalidade policial). Os medos diários que acompanham essas ameaças aumentam o potencial para transtornos de ansiedade.

Meu amigo, ex-colega de faculdade e psicólogo, dr. Regan A. R. Gurung falou comigo sobre isso detalhadamente em um episódio do meu podcast *Psychology and Stuff* [Psicologia e coisas]. Ele disse: "O ponto principal é que discriminação é um fator estressante. Se alguém se sente discriminado — se alguém é repetidamente discriminado —, isso equivale a repetidos estressores contra o corpo que, então, aparecem de todas as maneiras pelas quais normalmente medimos o estresse".

Como sabemos que o estresse causa impacto na nossa saúde física e mental, quem é vítima de racismo, sexismo e outras formas de discriminação sofre consequências nesse sentido, sem dúvida. Um artigo de 2017 escrito por Douglas Jacobs[19] para o *New York Times* defende exatamente isso e afirma o seguinte: "Mais de setecentos estudos sobre a ligação entre discriminação e saúde foram publicados desde 2000. Esse corpo de trabalho estabelece uma conexão entre discriminação e bem-estar físico e mental".

Nessas descobertas das consequências da discriminação sobre saúde física e mental, é provável que o impacto da raiva crônica sobre a saúde seja ignorado, e mais ainda o desgaste psicológico de ter suas opiniões injustamente minimizadas e deslegitimadas por causa de sua raiva. A menos que seja discutida como um sintoma de algum outro problema de saúde mental (como transtorno depressivo maior, transtorno de personalidade narcisista, transtorno de personalidade antissocial), a raiva é rotineiramente ignorada nas discussões sobre saúde mental. De fato, raiva crônica não é nem incluída como transtorno no *Manual diagnóstico e estatístico de transtornos mentais (DSM-5)*.

Além disso, temos bem pouca informação sobre como a raiva é percebida em outros grupos ou baseada em outras características. A pesquisa apresentada aqui foi focada mais exclusivamente em afro-americanos e mulheres, mas e quanto a outros grupos raciais e etnias? E gêneros não binários? Idade? Podemos descobrir que a raiva é percebida de maneira diferente quando a pessoa raivosa é idosa? As pessoas são mais propensas a minimizar a raiva em adolescentes por estar baseada em ingenuidade ou hormônios, em vez de questões reais que merecem atenção?

Existe uma grande variedade de maneiras pelas quais podemos estar minimizando as posições de outras pessoas com base em sua raiva. Sendo honesto, embora a pesquisa possa nos dizer muito sobre como isso acontece de maneira geral, também é provável que todos nós tenhamos preconceitos individuais que influenciam como interpretamos a raiva alheia quando estamos em algum tipo de desentendimento conflituoso. Parte de ter um relacionamento saudável com a raiva está em aprender a entender esses preconceitos.

> **ATIVIDADE: RECONHECER PRECONCEITOS**
>
> Esta atividade é planejada para ajudar você a considerar como seus preconceitos podem influenciar a interpretação de eventos enraivecedores e conflitos interpessoais. São três etapas:
>
> 1. Pense em uma ocasião recente quando teve um conflito com outra pessoa no qual ficaram com raiva um do outro;
>
> 2. Considere como avaliou a adequação das expressões de raiva do outro na ocasião. O que a pessoa disse e como se comportou pareceu apropriado naquele momento? Você avaliou a pessoa de maneira negativa por causa da raiva dela?
>
> 3. Pense se a lente pela qual a viu influenciou sua interpretação. De que maneira a idade, gênero, raça, posição socioeconômica, status, religião ou qualquer outro fator influenciam como você interpretou a raiva da pessoa?

Rever a transformação da civilidade em arma

Quando penso na palestra de Palmeri e na pergunta de Lang no final — "Quem pode ficar com raiva?" —, bem como na pesquisa apresentada aqui e em outros lugares, torna-se completamente óbvio como a civilidade foi transformada em arma para minimizar as experiências e opiniões de grupos já marginalizados. De protestos em massa contra a brutalidade policial a interações de jurados para sentenciar infratores, vemos exemplos muito nítidos e reais de como a emocionalidade pode ser usada para discriminar. É muito injusto que uma sociedade oprima sistematicamente grupos de pessoas — e crie tantos motivos para a raiva — e depois diga para essas pessoas ficarem calmas e pacíficas e não demonstrarem nenhuma raiva.

Ao mesmo tempo, nós sabemos que essa raiva pode ser usada para o bem e que a maneira como a canalizamos faz toda a diferença.

No entanto, antes de falarmos sobre como a raiva pode ser usada de maneiras positivas e saudáveis, devemos discutir como e quando a raiva pode dar errado na parte dois deste livro.

PARTE DOIS

QUANDO A RAIVA DÁ ERRADO

VIOLÊNCIA E CONTROLE DE IMPULSO

6

"Perdi a calma"

Em 14 de novembro de 2019, quase 12 milhões de pessoas assistiam a um jogo de futebol americano entre o Pittsburgh Steelers e o Cleveland Browns. Faltavam quinze segundos de jogo e os Browns estavam catorze pontos na frente. Estava praticamente acabado, quando começou uma briga entre Myles Garrett, jogador da defesa do Browns, e o *quarterback* do Steelers, Mason Rudolph. No meio dessa briga, Garrett arrancou o capacete de Rudolph e o usou para bater na cabeça dele. Até no contexto do futebol americano, um esporte agressivo e muitas vezes brutal, aquele foi um incidente particularmente violento. Na verdade, o comentarista naquela noite, Troy Aikman, disse que aquilo era "uma das piores coisas que ele já tinha visto em um campo de futebol".

No dia seguinte, Garrett emitiu um pedido de desculpas. Ele disse:

> Ontem à noite cometi um erro terrível. Perdi a calma, e o que fiz foi egoísta e inaceitável. Sei que somos todos responsáveis por nossas atitudes, e só posso provar meu verdadeiro caráter por meio de minhas

atitudes e seguindo adiante. Quero pedir desculpas a Mason Rudolph, aos meus companheiros de time, a toda nossa organização, à torcida e à NFL [National Football League]. Sei que tenho que me responsabilizar pelo que aconteceu, aprender com meu erro, e é o que pretendo fazer.

Dois dias depois, Garrett foi suspenso por tempo indeterminado e ficou sem receber salário. Perdeu os últimos seis jogos da temporada, o que resultou em um prejuízo de US$ 1.139.911,76 em salários não recebidos. Ele também foi multado em mais de US$ 45 mil pela NFL.[20] A NFL o liberou para voltar a jogar em 12 de fevereiro de 2020. Vale lembrar que naquele mesmo jogo, em resposta à agressão de Garrett, um jogador do Steelers, Maurkice Pouncey, deu quatro socos e um chute na cabeça de Garrett, e depois do chute deu mais um soco. Pouncey foi multado em US$ 35.096,00 e suspenso por dois jogos sem pagamento, sofrendo um prejuízo de US$ 117.647,05.

Houve uma verdadeira tempestade nas redes sociais em resposta a tudo isso. O Twitter explodiu com tuítes de ex-jogadores e jogadores na ativa, treinadores, comentaristas e o público em geral. Quase todo mundo estava de acordo sobre Garrett ter se comportado terrivelmente mal, tanto que essa discussão girou em torno de *quanto* aquilo foi terrível. Alguns diziam que o gesto devia ser considerado criminoso, outros discutiam qual deveria ser a punição aplicada pela NFL, e havia quem sugerisse que sua carreira podia ter acabado. Mas alguns ofereceram apoio. O ex-*cornerback* da NFL, Deion Sanders, tuitou: "Rezando por você, irmão. Foi uma reação rápida, mas errada".

Eu quis trazer esse incidente por duas razões. Primeira, ele é um ótimo exemplo de uma situação em que a raiva domina alguém e leva à violência. Antes daquele incidente, Garrett não era conhecido como alguém que jogava sujo. Sei que esse é um julgamento meu do qual as pessoas vão discordar, mas com exceção de *offsides* e penalidades semelhantes que não têm nenhuma relação com agressão, ele havia sofrido três penalidades naquela temporada, o que corresponde à média de um jogador naquela posição. Duas delas foram no mesmo jogo, o que provocou alguns debates sobre ele ser um jogador excessivamente agressivo. Mas na temporada anterior, ele sofreu apenas duas penalidades. Esse tipo de histórico não descreve alguém que se deixa dominar pela raiva com frequência.

O segundo motivo para eu ter trazido esse incidente é que o futebol americano é um esporte brutal, com atos agressivos em todas as partidas. Na verdade, em resposta à discussão sobre se o ataque com o capacete deveria ou não resultar em acusações criminais, a advogada Tammi Gaw disse: "Para ser bem técnico, tudo que acontece em um campo de futebol americano é agressão".[21] De fato, o ataque de Garrett e a reação de Pouncey excederam muito o ato típico de violência no campo, mas há algo muito interessante em assistir a um esporte agressivo, às vezes até torcer por grandes ataques, e depois reagir com esse choque e fazer críticas duras quando as coisas vão além do que se esperava.

Eu diria que há quatro componentes que se sobrepõem aqui e fizeram esse caso se destacar e deixar muita gente em choque. Primeiro, a intencionalidade da atitude de Garrett. Ele estava tentando ferir Rudolph quando o atacou, e por mais que haja brutalidade física no futebol americano, não é comum que ele inclua essa intencionalidade. Segundo, ele usou uma arma — o capacete — e não é sempre que vemos isso no futebol. Terceiro, Rudolph estava indefeso, porque não usava mais o capacete, tornando a brutalidade do ato muito maior. Por fim, e o que mais me interessa, a violência de Garrett foi motivada por raiva, o que não acontece com a maioria da violência que se vê no campo.

Vale a pena comparar a agressão de Garrett com a de Pouncey, que aconteceu apenas segundos depois. A maioria das pessoas não demonstrou muita preocupação com o comportamento de Pouncey. Certamente, ela não atraiu o mesmo tipo de publicidade dedicada à agressão de Garrett. No entanto, ele socou e chutou a cabeça de um homem um total de seis vezes, assim, por que recebeu uma punição menos severa? Também foi intencional e motivado pela raiva. Parte do motivo, é claro, é que Pouncey não usou uma arma, mas eu diria que outra parte é que Pouncey estava reagindo a uma evidente provocação e protegendo um companheiro de time, o que é sempre considerada uma forma de violência mais aceitável.

Então, o que tudo isso nos diz? Três coisas:

1. Que violência nem sempre ou nem usualmente é relacionada à raiva;

2. Que o *erro* da violência é em grande parte contextual e as pessoas adotam regras relativamente arbitrárias para julgar quando a violência é justificada ou injustificada;

3. Que o que vemos como problemas de raiva são, na verdade e mais frequentemente, problemas de controle de impulsos.

A complexidade da violência

Em 2018, foram registrados 1.206.836 crimes violentos nos Estados Unidos.[22] Eles incluem quatro tipos de crimes: assassinato, estupro, roubo e agressão com agravante. Basicamente, são crimes que envolvem uso de força ou ameaça de uso de força. Se pensarmos nesses tipos de crimes com relação ao que os motiva, é fácil ver que a raiva não é uma causa usual. Roubo, por exemplo, corresponde a 23% desses crimes, e seria muito incomum a raiva ser a força motivadora por trás de um assalto. Da mesma maneira, quando se pensa na complexidade das emoções que podem levar a um assassinato, é fácil reconhecer que, mesmo quando a raiva é relevante, existe uma variedade de motivadores além da emoção da raiva (como ganho financeiro ou ciúme).

Para tornar tudo ainda mais complicado, violência pode ser definida de várias maneiras. No livro de 2013, *Violence, inequality, and human freedom* [Violência, desigualdade e liberdade humana],[23] Peter Iadicola e Anson Shupe escreveram sobre violência de maneira muito mais ampla que muitas pessoas conseguem pensar nela. Eles descrevem violência não só como uma ação isolada que causa dano, mas também como um arranjo estrutural (um conjunto de circunstâncias criado intencionalmente) que causa dano. Isso inclui a violência interpessoal capturada pelas estatísticas criminais do FBI (Federal Bureau of Investigation) mencionadas há pouco, mas também inclui várias violências que não são ilegais (violência policial, violência militar). De fato, Iadicola e Shupe até descrevem determinados tipos de arranjos sociais, como grandes grupos recebendo cuidados médicos inadequados, como uma forma de violência estrutural.*

Portanto, violência é esse conceito extraordinariamente complicado e definido de maneira ampla que é muito diferente de raiva, mas, às vezes, ainda é motivado por raiva. Por exemplo, a grande maioria (67%) daqueles mais de um milhão de casos de crimes violentos em 2018 foram agressão com agravante, definida como "o ataque ilegal de uma pessoa contra outra com o propósito de causar severo ou grave ferimento físico". É quase impossível saber que porcentagem disso foi motivada por raiva, mas certamente foram muitos casos.

---

* Embora esteja muito além do escopo deste livro explorar essas diferentes formas de violência, vale a pena perguntar por que bater em alguém com um capacete de futebol é considerado violência, mas votar para retirar milhões de pessoas do serviço de saúde não é considerado algo violento. A segunda opção sem dúvida resulta em muitas mortes.

Vemos exemplos disso o tempo todo nos jornais. Brigas físicas que acontecem em bares, casos de direção agressiva que desencadeiam situações de violência, além de outros exemplos inundam os noticiários. Alguns parecem pura insanidade.

Em 2016, por exemplo, aqui em Wisconsin, aconteceu uma briga porque um torcedor do Green Bay Packers tentou destruir um cartaz que estava fixado no quintal de um torcedor do Minnesota Vikings. O dono do cartaz, Dave Moschel, saiu para conter o vândalo, Jacob Justice, e foi esfaqueado sete vezes. Moschel sobreviveu, ao ataque felizmente.*

Motivadores de violência

Em última análise, queria que fosse possível determinar quanto do problema de violência no mundo é diretamente relacionado à raiva e quanto é outra coisa, mas, como você já sabe, as pessoas agridem por uma variedade de razões, e a raiva nem sempre é uma delas, nem a principal. De fato, podemos identificar alguns motivos para o ser humano se tornar violento de vez em quando sem que haja relação direta com a raiva.

As pessoas agridem por medo, sem dúvida. Temem por sua segurança ou pela segurança das pessoas que amam, e respondem com agressão. Querer se defender quando sente que está sob ataque é um gesto relativamente natural e esperado. É mais ou menos o que as pessoas às vezes chamam de agressão territorial.

As pessoas costumam agredir quando sentem que seus lares ou ainda seus pertences estão sob ataque de alguma maneira. Quando

---

* Há uma nota especialmente assustadora nessa história, que é o comentário feito por Moschel posteriormente: "Por sorte, eu não estava armado naquela ocasião. Em 99% das vezes que saio de casa, levo a arma comigo, raramente saio sem ela. E dessa vez eu saí. Fico feliz por isso, porque ele estaria morto, e eu teria que viver com isso".

alguém é assaltado, tem a casa invadida ou vê alguém atacar seu cartaz de time de futebol, pode responder com agressão para proteger o que é seu.*

Embora eu tenha deixado claro que não existe um bom indicador sobre o que motiva mais frequentemente a violência, meu palpite é que boa parte da violência no mundo é instrumental, que se dá quando ela existe para alcançar algum tipo de objetivo. Nesse caso, a violência é um meio para um fim. Isso explica muito da agressão que vemos no dia a dia: guerra e outras formas de violência militar, agressão policial, assalto à mão armada e assim por diante. Nesses casos, a violência existe porque o perpetrador da violência está tentando ganhar alguma coisa. Um bandido pode usar violência como meio para roubar alguma coisa, e soldados podem usar violência para tomar ou recuperar território. Nos dois casos, a violência existe para alcançar algum outro objetivo.

No entanto, a violência mais relevante para este livro é a violência irritável, em que a agressão deriva de um estado de sentimento...** muitas vezes da raiva. Violência irritável é o que vimos de Garrett e Pouncey. Os dois ficaram com raiva e reagiram com a intenção de ferir. De certo modo, essa é uma reação natural e esperada à raiva. Por definição, raiva inclui um desejo muito sério de atacar e requer controle de impulso para que o ataque não aconteça. Mas não é só

---

* Uma frustração minha se dá pela frequência com que vejo as pessoas misturando a proteção de seus pertences pessoais com a proteção de si mesmas. Admito que às vezes as duas situações podem acontecer simultaneamente, mas proteger a si mesmo é fundamentalmente distinto de proteger as suas coisas.

** Quero registrar que sei que medo também é um estado de sentimento, mas falo sobre ele separadamente. Não posso realmente explicar por que, mas psiquiatras e psicólogos falam frequentemente sobre medo e ansiedade separadamente de outros estados de sentimento. O *Manual diagnóstico e estatístico de transtornos mentais* há muito traz "transtornos de ansiedade" e "transtornos de humor" como categorias distintas, embora ansiedade seja claramente um estado de humor. Isso é estranho.

raiva. Violência pode ser desencadeada por diversas emoções diferentes. Pessoas atacam quando sentem ciúmes, culpa, tristeza, luto ou uma série de outras emoções.

É claro, essas diferentes categorias se sobrepõem. Se pensarmos na violência entre parceiros íntimos como um exemplo, é possível ver como ela pode ser instrumental e irritável ao mesmo tempo. Decerto, a violência pode resultar de emoções como raiva e ciúme em situações particulares. Um marido fica com raiva da esposa porque ela não fez o que ele pediu, e bate nela ou a empurra. Ele fica com ciúme porque a vê conversando com outro homem em uma festa, e bate nela quando chegam em casa. Mas essa violência também resulta de um desejo instrumental de manter uma estrutura de poder. Talvez de maneira consciente, talvez não, em algum nível ele está usando a violência para impedi-la de fazer coisas de que ele não gosta e para impedi-la de deixá-lo. A violência não é só uma reação a emoções, ela é parte de uma estratégia para que ele mantenha uma determinada estrutura conjugal.

Crenças sobre violência

O uso da violência é previsto em grande parte, mas não exclusivamente, pelas crenças que uma pessoa tem sobre a adequação da violência como uma abordagem de resolução de problemas. Se você acredita que violência é uma maneira razoável de lidar com desentendimentos ou se posicionar, é mais propenso a ser agressivo quando provocado, ou simplesmente para conseguir o que quer. De fato, a probabilidade de você agredir é previsível até pelos tipos de pensamentos que tem. Na pesquisa que fiz com a Angry Cognitions Scale, os cinco tipos de pensamentos que discutimos no capítulo 4 (atribuição errada de causalidade, catastrofização, supergeneralização, exigência e rotulagem inflamatória) foram relacionados a agressão e pensamentos de vingança.[24]

Em particular, exigência e rotulagem inflamatória foram mais relevantes, o que faz sentido, em um nível intuitivo. Se alguém usa linguagem que tem como intuito desumanizar outras pessoas, o que acontece é que pode tratar os outros de maneira desumanizadora. Se alguém acredita que suas necessidades são mais importantes que as dos outros, o que acontece é que pode usar da violência para impor sua vontade e tê-las atendidas.

É claro, há ocasiões em que pessoas que não necessariamente endossam a violência perdem a cabeça e se tornam agressivas. Elas perdem a calma e fazem alguma coisa que não tem a ver com quem são de verdade e o que defendem. Resumindo, fazem algo impulsivo.

Perder o controle

Impulsividade é quando alguém age sem pensar nas implicações ou consequências daquelas ações. Em poucas palavras, respondem a alguma coisa de forma rápida, espontânea e sem nenhuma reflexão sobre o que essa resposta vai significar. Myles Garrett, por exemplo, agiu impulsivamente quando bateu com aquele capacete em Mason Rudolph. Pelo menos de acordo com seu pedido de desculpas, ele perdeu a calma e fez algo que acreditava não condizer com seu caráter. Não considerou as consequências daquela atitude para ele mesmo ou Rudolph. Se tivesse pensado no ferimento ou até na morte que poderia ter causado, ou no prejuízo de mais de 1 milhão de dólares que sofreria por causa daquele ataque, poderia não ter atacado. Mas isso é impulsividade. É uma atitude que tomamos sem pensar nas consequências de curto e longo prazo, e todos nós podemos tomar atitudes impulsivas.

Impulsividade não está relacionada exclusivamente à raiva, de jeito nenhum. As pessoas podem agir impulsivamente em diversos contextos (alimentação, uso de drogas, gastar dinheiro, jogo, sexo).

Quando levam os filhos à sorveteria e dizem a elas mesmas: "É só para eles, não vou comer nada", mas saem de lá com um *sundae*, isso provavelmente foi uma decisão impulsiva que viola o plano original. Quando alguém entra em uma loja e diz: "Só vim comprar uma coisa", mas sai de lá com muito mais que isso, é a impulsividade mostrando sua cara feia.

Transtornos de controle de impulso

Existe uma categoria inteira de transtornos no *Manual diagnóstico e estatístico de transtornos mentais* (*DSM-5*) dedicada a transtornos de controle de impulsos. Já mencionei o *DSM-5*, mas se você não o conhece, é um livro grande de condições diagnosticáveis de saúde mental publicado pela American Psychiatric Association [Associação Americana de Psiquiatria]. Ele inclui tudo, de importantes transtornos depressivos a esquizofrenia, anorexia nervosa e mais. É organizado por seções com base em similaridade de transtorno (por exemplo, um capítulo para transtornos depressivos, um capítulo para transtornos de ansiedade),* e tem um capítulo intitulado "Transtornos disruptivos, do controle de impulsos e da conduta"**. Ele inclui transtornos "que envolvem problemas no autocontrole de emoções e comportamentos".[25] Os autores apontam que há muitos transtornos ao longo do *DSM-5* nos quais impulsividade é um traço proeminente (tais como transtorno obsessivo-compulsivo, mania, abuso de substâncias),

---

* De maneira interessante, não tem nenhum capítulo para transtornos da raiva. Terei muito a dizer sobre isso mais adiante.

** Vale notar que impulsividade não é exclusivamente ligada a comportamentos negativos. Alguns comportamentos impulsivos são positivos. Por exemplo, apesar de não pensarmos neles como *impulsivos*, atos de heroísmo ocorrem frequentemente com pouca prudência ou consideração das implicações. Esses comportamentos são muitas vezes considerados por nós como corajosos, mas em última análise são igualmente impulsivos, só que com consequências mais positivas.

mas perceba que os transtornos nesta seção em particular envolvem a violação dos direitos de outras pessoas por meio de agressão ou da destruição de propriedade.

Os transtornos de controle de impulsos aqui relacionados incluem alguns de que você já ouviu falar, provavelmente. Cleptomania, o impulso não controlado de roubar, e piromania, não conseguir controlar o impulso de atear fogo, são relativamente raros, mas conhecidos por muita gente. No entanto, um transtorno discutido com menos frequência é o transtorno explosivo intermitente (TEI), um transtorno de controle de impulso que inclui "comportamentos explosivos recorrentes que representam incapacidade de controlar impulsos agressivos". Isso pode incluir agressão verbal ou física, dano à propriedade ou agressão física a animais ou pessoas.

De acordo com o *DSM-5*, esse transtorno é relativamente raro, com cerca de 2,7% da população norte-americana correspondendo aos critérios de diagnóstico.[*] Desenvolve-se tipicamente na adolescência, com mais frequência em pessoas com histórico de trauma ou predisposição genética, e continua de alguma maneira por toda a vida.

Quando falo sobre não existir um transtorno da raiva no *DSM-5*, as pessoas sempre mencionam esse transtorno como um exemplo de inclusão da raiva. É claro que você não vai cometer esse erro, porque a essa altura sabe bem que há diferenças entre raiva e agressão. TEI é um transtorno de agressão, não de raiva.

---

[*] Digo "relativamente raro" porque é comparado a outros transtornos, como transtorno depressivo maior (7%) e transtorno de ansiedade generalizada (9%). Mas ao mesmo tempo, se equipara ou é ainda mais comum que vários transtornos no *DSM-5* que recebem muito mais atenção na cultura popular e nas mídias. Transtorno bipolar I, por exemplo, tem prevalência de 0,6%, e esquizofrenia tem entre 0,3% e 0,7% de prevalência, mas recebem muito mais atenção.

Embora as explosões sejam descritas como "baseadas em raiva",* os critérios são sobre um tipo de expressão de raiva e não reconhecem as diversas e diferentes consequências negativas que podem resultar da raiva mal administrada.

Impulsividade como característica de personalidade

Como com qualquer conjunto de comportamentos, algumas pessoas são mais propensas a agir impulsivamente. Existe uma sequência com desajustado e problemático, talvez até diagnosticável, em um extremo até o tipicamente indiferente, calmo e controlado no outro. Podemos pensar nas pessoas que têm comportamentos impulsivos frequentemente (isto é, agem com mais impulsividade do que a maioria das pessoas) como donas de uma personalidade impulsiva.** Para ajudar a decidir onde as pessoas estão nessa sequência, existe uma escala que mede essas tendências impulsivas. É a Escala de Impulsividade de Barratt (EIB-11), um questionário de trinta itens que propõe afirmações para assinalar, como "Resolvo problemas por tentativa e erro" e "Falo depressa". Pontuações mais elevadas significam maior tendência para agir impulsivamente, e pesquisas relacionaram esse questionário a uma variedade de problemas comportamentais e de saúde mental.

---

* Para um artigo que escrevi recentemente, busquei no *DSM-5* por todas as ocorrências da palavra "raiva". Ela só é usada um punhado de vezes. Mas você sabe qual palavra é usada exaustiva e repetidamente? "Perigo" (como em "perigo para si mesmo ou para os outros"). Sei disso porque, como diz um clichê da língua inglesa, os caracteres da palavra *anger* (raiva) estão contidos na palavra *danger* (perigo), faltando apenas a letra D. Por isso, minha busca no PDF do *DSM-5* encontrou cada uma das ocorrências da palavra pela qual eu não estava procurando.

** Você pode saber mais sobre impulsividade com a International Society for Research on Impulsivity [Sociedade Internacional para Pesquisa sobre Impulsividade], uma organização com mais de trinta membros. Também pode comparecer a uma de suas reuniões que, para minha decepção, são agendadas com muita antecedência. Eu esperava clicar na aba "reuniões" e ler "esteja preparado para nós".

O dr. Eric Dahlen e eu fizemos alguns estudos sobre impulsividade e raiva nos quais usamos esse mesmo questionário. Em nosso primeiro estudo, queríamos saber que relação havia entre impulsividade e a manifestação agressiva de raiva. Apresentamos às pessoas alguns questionários sobre conceitos como impulsividade, propensão ao tédio, raiva e agressão para determinar quais dessas coisas eram melhores para predizer agressão. Descobrimos que a impulsividade estava ligada à raiva, manifestação exterior de raiva (berrar e gritar) e agressão.[26] Mas quando se olhava com mais atenção, o que realmente se destacava era como a impulsividade se relacionava com a manifestação exterior de raiva e era negativamente correlacionada com o controle da raiva. Em outras palavras, pessoas que tinham dificuldade para controlar seus impulsos tinham muita dificuldade para controlar a raiva. Às vezes eram violentas, mas mesmo quando não eram, acabavam berrando e gritando da mesma forma.

O segundo estudo que fizemos foi bem semelhante a esse, porém, dessa vez, estávamos mais interessados em direção agressiva (raiva no trânsito).[27] Espantosamente, na época ninguém havia analisado de modo sério a impulsividade em relação à direção agressiva e direção raivosa.* Novamente, demos às pessoas questionários sobre impulsividade e propensão ao tédio (como os anteriores), mas, dessa vez, também perguntamos sobre comportamentos ao volante. Com que frequência tinham comportamentos perigosos (como perder a concentração, dirigir sem cinto de segurança) e com que frequência haviam sofrido consequências negativas por esses comportamentos

---

* Muita gente pensa que direção agressiva e direção raivosa são a mesma coisa, mas não são. Você pode ficar com raiva ao volante e, intencionalmente, dar uma fechada em alguém ou gritar com a pessoa (agressivo), ou ficar com raiva e ter comportamentos arriscados, mas não agressivos como acelerar, mudar de faixa esporadicamente e ignorar semáforos fechados.

perigosos (como multas por excesso de velocidade, acidentes)? A impulsividade foi relacionada a todas as possíveis variáveis de direção raivosa e agressiva. Cada uma delas: direção verbalmente agressiva, direção fisicamente agressiva e uso do veículo para expressar raiva, entre outras. Em resumo, se você é uma pessoa impulsiva, é mais propenso a gritar com as pessoas, mostrar o dedo do meio, fechar outros carros e persegui-los, e até sair do carro para tentar brigar. De fato, quando olhamos para a direção arriscada de maneira geral, a impulsividade explicava 23%, e quando olhamos para a tendência a usar o veículo como arma fechando as pessoas, ou reduzindo a velocidade com a intenção de irritá-las, ela explicava menos de 20%. No fim das contas, a impulsividade explica muito da violência que vemos no trânsito.

O efeito de armas

A maior parte do que discuti até aqui foi sobre diferenças individuais em impulsividade. Mas o ambiente também importa. Para isso, quero voltar a uma conversa que tive com o dr. Brad Bushman, um psicólogo social da Escola de Comunicação da Universidade Estadual de Ohio. O dr. Bushman é um estudioso na área de agressão e violência, tendo atuado inclusive como membro do comitê de violência com armas do governo do presidente Obama. Tive o prazer de entrevistá-lo duas vezes sobre assuntos relacionados à direção agressiva e ao mito da catarse (um conceito que vamos discutir no capítulo 12). Nas duas vezes, o que mais apreciei nele foi sua incrível mente científica. Ele faz uma coisa que eu gostaria que víssemos mais nas pessoas. O dr. Bushman responde perguntas com dados e conta histórias com descobertas de pesquisa. Quando fiz perguntas, ele respondeu com uma narrativa que incluía as descobertas de pesquisas de acadêmicos do passado, como elas serviram de informação para sua pesquisa e suas descobertas.

Quando fiz perguntas cuja pesquisa ele desconhecia, ou cuja pesquisa ainda não havia sido feita, ele me disse que não poderia responder àquela pergunta com pesquisa, mas ainda faria uma previsão baseada em descobertas semelhantes de que tinha conhecimento.

Ele tem acesso a um incrível simulador de direção no qual, com sua equipe de pesquisa, estuda direção agressiva. Ele o descreveu para mim como um carro de verdade "completamente cercado por telas". Na verdade, até o espelho retrovisor e os laterais são funcionais, com displays de LED que ajudam a tornar a simulação tão real quanto é possível. Ele pode usar o simulador para criar situações de sentimentos muito reais para os participantes a fim de verificar como eles responderiam em uma situação semelhante na rua. É um jeito seguro de estudar os perigos em potencial da direção agressiva.

Ele descreveu um projeto de pesquisa que fizeram usando o simulador em 2017 para explorar o efeito das armas. Esse estudo se baseou em outro de 1967 conduzido pelos drs. Leonard Berkowitz e Anthony LePage chamado "Weapons as Aggression-Eliciting Stimuli" [Armas como estímulos que provocam agressão]. Eles levaram estudantes universitários do sexo masculino a um laboratório para um estudo sobre "as reações psicológicas ao estresse". Os participantes foram divididos em duplas e cada um, individualmente, foi encarregado de concluir uma tarefa (produzir uma lista de ideias que um agente poderia usar para melhorar as vendas de discos de um cantor). Eles trabalharam por cinco minutos, suas respostas foram coletadas e todos foram colocados em salas separadas.

Na verdade, não é surpreendente para quem conhece muitas pesquisas psicológicas famosas daquela época que o estudo não era sobre reação psicológica ao estresse, e que o parceiro não era outro participante. O parceiro era um membro da equipe de pesquisa (chamado pelos pesquisadores em psicologia de "confederado" ou "cúmplice") e o estudo pesquisava o efeito sobre a probabilidade de alguém que tem uma arma à vista agir de maneira violenta. Depois de serem levados a salas separadas, o participante verdadeiro era equipado com eletrodos* de choque nos braços. O cúmplice, enquanto isso, sentava-se diante de uma máquina que aplicava choques de verdade no participante. O cúmplice então fornecia feedback aos participantes sobre seu trabalho anterior por meio de choques elétricos. Quando terminavam, eles trocavam de lugar. O cúmplice era ligado aos eletrodos, e o participante fornecia o feedback sobre o trabalho deles por meio de choques.

Havia seis categorias diferentes (sete, se contarmos um grupo-controle que não fazia nada) baseadas em (a) quantos choques os participantes receberam e (b) o que havia sobre a mesa da sala onde eles estavam. A condição para o número de choques é relativamente fácil de entender. Os participantes eram provocados pelo cúmplice com sete choques elétricos, ou não eram provocados com um choque só. A outra condição é um pouco mais complicada, mas quando os participantes entravam na sala, encontravam três cenários: Nada em cima da mesa, algum equipamento esportivo, ou uma espingarda calibre 12 e um revólver calibre 38. Quando havia alguma coisa em cima da mesa, os pesquisadores diziam: "Ah, não acredito que o outro aplicador do experimento não arrumou a sala depois de usar. Por favor, ignore o que está em cima da mesa".

E o grupo acabou tendo essa composição:

---

* O estudo não deve ser confundido com uma série conduzida por Stanley Milgram nos anos 1960, que descobriu que aproximadamente dois terços das pessoas administrarão um choque potencialmente fatal em outra se receberem essa ordem. Naqueles estudos, os choques eram falsos. Dessa vez, eram reais. Acontece que os cientistas da área da psicologia têm um longo histórico de fingir chocar as pessoas... ou realmente chocar as pessoas.

	Nada	Equipamento esportivo	Armas
Baixa raiva (um choque)			
Alta raiva (sete choques)			

Berkowitz e LePage queriam ver quantos choques elétricos os participantes dariam como feedback ao parceiro e se haveria diferença nisso com base no grupo em que estavam. O que descobriram foi que não havia diferença quando não havia nada sobre a mesa e quando havia equipamento esportivo sobre a mesa, mas quando havia uma espingarda e um revólver, os participantes administravam mais choques. Isso era especialmente válido quando eram provocados com sete choques. Berkowitz e LePage afirmam no artigo que "de fato, muitos atos hostis que supostamente resultam de motivação inconsciente emergem por causa da operação de sugestões agressivas".[28]

De acordo com o dr. Bushman, "esse estudo foi replicado muitas vezes dentro e fora do laboratório". De fato, em nossas discussões ele indicou um estudo mais recente como motivação para sua pesquisa sobre o efeito de armas:

> Li sobre um estudo,[*] na verdade, uma amostra de representatividade nacional feita com 2.770 motoristas norte-americanos. Os pesquisadores relataram que os motoristas que tinham uma arma no veículo foram, ao menos uma vez no ano anterior, motoristas significativamente mais

---

[*] O estudo a que ele se refere é de Hemenway e colegas (2006) e é uma revisão extraordinária minuciosa sobre agressão no trânsito.

agressivos que aqueles que não tinham uma arma no veículo. Por exemplo, eram mais propensos a fazer gestos obscenos para outros motoristas, 23% contra 16%. Eram mais propensos a colar na traseira do veículo da frente, 14% contra 8%. E os pesquisadores controlaram vários fatores diferentes, como gênero e idade, mas também a frequência com que os motoristas dirigiam, e se moravam em uma cidade ou ambiente urbano, ou coisas desse tipo.

Eis o que dr. Bushman e sua equipe de pesquisa pensavam:

Bem, é difícil fazer inferências causais baseadas nesse estudo de pesquisa,[*] então, basicamente, replicamos o experimento de Berkowitz e LePage no nosso laboratório de simulação de direção. Os participantes entravam no carro e, com o auxílio de uma moeda, era decidido se teriam uma raquete de tênis ou uma pistola 9 mm (descarregada) no assento. E o condutor do experimento dizia exatamente a mesma coisa: "Ah, não acredito que o pesquisador anterior não recolheu as coisas dele, só ignore isso aí". O que descobrimos foi que os participantes que tinham uma arma no banco do passageiro eram motoristas muito mais agressivos no cenário de estimulação de frustração do que os participantes que tinham uma raquete de tênis. E podemos fazer inferências causais, porque jogamos uma moeda para determinar se haveria uma raquete de tênis ou uma arma no banco.

Pedi para ele descrever os comportamentos agressivos e arriscados, e ele detalhou alguns comportamentos típicos que podemos ver no

---

[*] Como eu disse, ele tem uma mente científica que não toma nada como certo. Ele viu descobertas interessantes, reconheceu as limitações e passou à etapa seguinte para abordar essas limitações.

trânsito: colar na traseira do carro da frente, acelerar, forçar passagem ou ultrapassar pelo acostamento. Eles buzinavam, eram verbalmente agressivos ou usavam gestos agressivos, como mostrar o dedo a outro motorista. Porém, a resposta mais assustadora foi que "uma pessoa realmente pegou a arma e tentou atirar no outro motorista".

> **ATIVIDADE: ADMINISTRAR IMPULSIVIDADE**
>
> Para esta atividade, quero que você pense em uma ocasião em que agiu impulsivamente em resposta à sua raiva. Seja esse comportamento agressivo ou não, pense em uma ocasião em que sua raiva o levou a fazer alguma coisa sem pensar nas consequências.
>
> 1. Diagrame o incidente. Qual foi o precipitante, o estado pré-raiva e o processo de avaliação?
> 2. Qual foi a coisa impulsiva que você fez em resposta a essa raiva e qual foi o desfecho?
> 3. Pensando nisso agora, o que acha que poderia ter feito diferente em resposta a essa raiva?
> 4. Vamos falar mais posteriormente sobre "se segurar" nesses episódios de raiva, mas o que você acha que poderia ter feito no momento para impedir essa atitude impulsiva?

Raiva descontrolada em relações interpessoais

A raiva impulsiva que leva a violências como as que vimos pode acontecer em qualquer lugar: entre desconhecidos no trânsito, durante um passeio no campo, na quadra durante um evento esportivo ou entre colegas no trabalho. Mas o que acontece quando a violência acontece em relacionamentos? Qual é o impacto dessas expressões de raiva nas famílias, entre pessoas casadas ou com os filhos? E quanto a outras formas de raiva? Se a raiva não for controlada, o que pode causar aos relacionamentos pessoais?

RELACIONAMENTOS PREJUDICADOS

7

Uma emoção social

A raiva às vezes é chamada de "emoção social", porque é experimentada com muita frequência em situações sociais. Na verdade, pesquisadores descobriram que entre 80% e 90% de incidentes de raiva são resultados dessas situações.[29] As pessoas raramente sentem raiva quando estão sozinhas e não interagem com outras pessoas, e aposto que se eu pedisse para você relacionar as últimas cinco vezes que sentiu raiva, você descobriria que quase todas elas envolveram outra pessoa. Isso é diferente de algumas outras emoções básicas como tristeza, medo ou alegria, que muitas vezes podem ocorrer quando se está sozinho. O que isso significa, é claro, é que, por acontecer no contexto de situações sociais, a raiva, quando mal administrada, pode resultar em relacionamentos prejudicados.

Uma vez, um cliente estava no meu consultório refletindo sobre seu relacionamento problemático com a namorada. Ele tinha o hábito de perder a cabeça com ela, nunca a agrediu fisicamente, mas sempre gritava muito. "Não quero ser um tirano", ele disse, e sua voz tremeu quando os olhos se encheram de lágrimas. O pai dele tinha sido um tirano, por isso ele sabia como quem ouvia os gritos se sentia. Odiava isso nele e fazia terapia para aprender a administrar melhor a raiva. É relativamente comum que as pessoas tenham esse sofrimento emocional por causa da própria raiva, mas no momento estou mais interessado no impacto que essa raiva causava no relacionamento deles.

Quando Eric Dahlen e eu aprimoramos o Questionário de Consequências da Raiva, uma das coisas que descobrimos foi que os relacionamentos prejudicados eram uma consequência bem comum, de acordo com a maioria dos participantes. Na escala, isso é medido com apenas três itens: estragar um relacionamento, fazer meus amigos sentirem medo de mim e fazer meus amigos ficarem bravos comigo. Os participantes indicavam com que frequência tinham sentido aquela consequência no último mês em resultado da raiva (de "nunca" a "quatro ou mais vezes"). Em média, os participantes diziam que tinham vivido esse tipo de problema no relacionamento pouco mais de uma vez no último mês.

Anos mais tarde, minha equipe de pesquisa e eu coletamos dados por meio de uma pesquisa on-line com participantes que desabafavam frequentemente on-line.[30] Que fique claro, essa não é uma amostra representativa. Esses participantes eram pessoas que visitavam sites de desabafo, páginas criadas para permitir desabafos furiosos e anônimos, posts com títulos como "Eu odeio minha mãe pra c@/@lho" e "A fila no Starbucks é uma droga".* Pode-se presumir

---

* O mais visitado desses sites era www.justrage.com, que na época dessa pesquisa tinha mais de 5 mil desabafos postados e lidos por mais de 10 milhões de pessoas. Tentei visitar o site enquanto escrevia este livro e descobri que foi tirado do ar. Provavelmente, não foi por causa de queixas, porque visitei a página "Do you have a problem with justrage?" (Você tem algum problema com justrage?) e não havia nenhuma informação de contato... só um enorme dedo do meio exibido ao leitor.

que eram mais raivosos que a média das pessoas.* Dessa vez não usamos o Questionário de Consequências da Raiva completo, mas fizemos algumas perguntas específicas sobre com que frequência no mês anterior à pesquisa eles se envolveram em brigas físicas e verbais (média de 1,26 e 1,45 vez, respectivamente), quantas vezes abusaram de alguma substância por causa da raiva (1,39 vez) e com que frequência prejudicaram um relacionamento (1,26 vez).

Dizer que prejudicou pelo menos um relacionamento no último mês por causa de sua raiva é uma consequência significativa da raiva. Pode ter sido um mês atípico para esses participantes (talvez por isso estivessem desabafando on-line, por estarem particularmente enraivecidos), mas também é possível que esse último mês não tenha sido atípico. Isso pode ser o que acontece em um mês típico para essas pessoas. Pior, porém, é que suspeito de que isso esteja no extremo inferior, em relação a estimativas. Por razões que discutirei mais adiante, desconfio de que o efeito nocivo da raiva mal administrada nos relacionamentos é consideravelmente mais grave do que foi descoberto nesses estudos, e é maior do que muita gente percebe.

Uma briga "especialmente ruim"

Nikki** é uma ex-aluna minha, formada alguns anos atrás. Eu procurava alguém que tinha se envolvido em uma briga física por causa

---

* Além disso, nosso estudo confirmou que eram mais raivosos que a média das pessoas, por isso não precisamos presumir. Eles pontuaram significativamente mais alto que a média na Trait Anger Scale [Escala de Característica de Raiva], uma medida de propensão para a raiva. Também expressaram a raiva de maneiras mais negativas, de acordo com a Anger Expression Scale [Escala de Expressão da Raiva].

** Nikki não é seu nome verdadeiro. Ela me disse que não se opunha se eu quisesse usar seu nome verdadeiro, mas quis ser ainda mais cuidadoso, considerando a natureza violenta da história que ela me contou. Ela escolheu "Nikki" porque tinha acabado de ver um show do Mötley Crüe.

da raiva, e ela respondeu a um chamado geral que postei nas redes sociais. Marcamos um horário para conversar por telefone. Eu a conhecia muito bem como aluna. Ela fez algumas matérias comigo, e mantivemos contato pelo Facebook depois que ela se formou. Eu tinha a sensação de que ela era uma pessoa forte e uma aluna muito esforçada. Mas como descubro frequentemente, meus alunos às vezes levam uma vida bem complicada fora da faculdade, e esse foi certamente um desses casos.

Durante o último ano da faculdade, Nikki estava namorando um homem que tinha conhecido por um aplicativo de relacionamentos. Ela descreveu: "Ele havia meio que se mudado. Nunca tivemos essa conversa, na verdade, mas ele foi se mudando para o meu apartamento aos poucos". Pela conversa que tive com ela, deduzi que esse tipo de comportamento era típico do rapaz. Ele encontrou várias formas manipuladoras de explorá-la usando suas coisas, sobretudo o carro, a induzindo a pagar contas e até ocupando seu espaço. Eles namoravam havia um ano, e durante esse período ele foi ficando cada vez mais agressivo verbal e fisicamente.* Ela me contou que eles tiveram um punhado de confrontos físicos durante aquele ano.

"Em que medida essas brigas são você se defendendo, ou você iniciando as coisas?", perguntei. Queria saber se esse era um caso de violência entre parceiros íntimos em que ela era a vítima, ou se era um caso em que os dois começavam as brigas às vezes. Isso é relativamente raro, mas acontece. Perguntei: "Com que frequência esses confrontos físicos são realmente você se defendendo de alguém que a está atacando?"

---

*   Não esqueça que Nikki era estudante de psicologia, por isso algumas de suas respostas (tais como "agressivo verbal e fisicamente") soavam bem *clínicas* (pelo menos para mim, seu orgulhoso professor de psicologia).

Ela disse que eram 80/20, com ela se defendendo na maioria das vezes. Disse que havia começado cerca de 20% das brigas. "Era um tempo estranho, porque ele estava fazendo outras coisas domesticamente abusivas. Ele era emocional e psicologicamente manipulador." Na época ela era estudante, e tentava dar conta das obrigações da faculdade e do trabalho. Eles discutiam muito, na maior parte do tempo por ele usar as coisas dela. Ele pegava o carro dela sem pedir autorização e usava por horas, até dias. Às vezes ela era forçada a ir a pé para a faculdade. "Só um relacionamento tóxico", ela disse. Esses 20% das vezes que ela disse começar as brigas físicas eram quando ele fazia alguma coisa, normalmente usar as coisas dela sem pedir, e ela o agredia fisicamente.

A última briga que tiveram foi, nas palavras dela, "especialmente ruim". Começou com uma discussão, mas progrediu rapidamente. Ele havia pegado o carro dela novamente sem permissão. Era fim de semana; ele havia passado a noite anterior na casa dela, e eles beberam. Quando ela acordou, ele havia saído e levado o carro. Ela telefonou e mandou mensagem, mas ele não respondeu. Ela disse que ficou nervosa porque talvez tivesse que ir trabalhar, já que às vezes a chamavam de modo inesperado. Continuou mandando mensagens para ele ao longo do dia, e as mensagens foram ficando mais "hostis" com o passar do tempo.

Ele voltou pouco antes da meia-noite. Não tinha respondido nenhuma mensagem dela. Disse que tinha ido trabalhar, que estava a poucos quarteirões dali, mas o tanque estava vazio, embora estivesse cheio na noite anterior. "Ele passou o dia todo andando com o carro, era óbvio", ela me disse, e quando o desmascarou, eles brigaram.

"Por que não respondeu às mensagens? Por que acha que é certo fazer isso?", ela gritou. Estava furiosa, enxergando tudo vermelho. "Odeio você!"

Ele começou a ofendê-la verbalmente, usando "todos os palavrões do dicionário". Disse que devia confiar nele, e que agora ele estava contribuindo, portanto, ela devia fazer algumas concessões. A essa altura eles gritavam um com o outro, e ela ficou com receio de que alguém chamasse a polícia. Os vizinhos já haviam feito isso duas vezes por causa do barulho. Mas ela estava descontrolada, disse, e "não conseguia parar de gritar com ele".

"Vai se foder", ele berrou. "Estou saindo."

Ela correu atrás dele e tentou empurrá-lo, tentou impedir que pegasse seu carro de novo. Ele a agarrou pelo cabelo e a tirou do caminho. "Foi intenso", me contou, "como um filme. E a gente não imagina que vai acontecer, ou que vai passar por isso, mas de repente está ali". Nikki me disse que ficou tão furiosa e frustrada que não sabia o que fazer, por isso continuou gritando e começou a bater nele.

Ele era fisicamente mais forte, e conseguiu voltar ao carro, apesar de todo esforço dela para impedir. Mas ela entrou pelo lado do passageiro, e os dois continuaram gritando um com o outro. "Não", ela berrou, "você tem que sair do meu carro! Este carro é meu. Tem que parar de pegar meu carro sem minha permissão!". Ele começou a dirigir, e ela continuou gritando: "Para o carro! Este carro é meu! Você tem que sair!"

Ele a agarrou pelo cabelo, puxou-a para perto e disse: "Você defende direitos iguais. É feminista. Isso é o que você consegue com seus direitos iguais", e bateu no rosto dela várias vezes. Isso tudo enquanto dirigia. Eles estavam chegando à rodovia, e Nikki ficou com medo. Parou de brigar e, de algum jeito, o convenceu a voltar ao apartamento. Ela chorava, e os dois se xingavam quando saíram do carro e entraram no apartamento.

Quando estavam do lado de dentro, ela o agrediu novamente. "Você é um merda", disse. "Não devia estar aqui. Esta casa é minha.

Essas coisas são minhas." Ele devolveu a agressão, e as coisas progrediram até eles estarem brigando de novo, se batendo e puxando o cabelo um do outro. Contudo, em um dado momento, ele ficou em cima dela e começou a sufocá-la. Ela não conseguia respirar e achou que ia desmaiar.

Achava que talvez isso o tenha feito perceber o quanto a situação era séria, porque ele a soltou e se afastou. Ela correu para o banheiro e se trancou lá dentro. Ouviu quando ele foi embora. Então se olhou no espelho e viu seu rosto. Os olhos estavam inchados como se fossem ficar roxos. Tinha perdido tufos de cabelo, e já era possível ver hematomas se formando por todos os lados. Ela disse que ele voltou horas depois e estava em condições igualmente ruins. Tinha muitos hematomas, e podia ter sofrido uma fratura orbital.

Para ela, esse incidente foi a gota d'água. Ela percebeu o quanto aquilo podia ser perigoso e o bloqueou no celular e nas redes sociais, mudou de apartamento e o excluiu completamente de sua vida.

Quando Nikki pensava nesse incidente, e no relacionamento de modo geral, tinha muitos sentimentos complexos. "Estávamos sempre com raiva um do outro. Não conversávamos. Explodíamos de raiva." Muitas vezes perguntaram por que ela não o deixava,[*] e a resposta dela era relativamente comum para pessoas em relacionamentos abusivos. Durante boa parte do relacionamento, ele a manipulou para cortar relações com pessoas de quem ela gostava, de forma que ele fosse a única pessoa próxima em sua vida. Ela se sentia encurralada. Não podia pedir ajuda ao proprietário, porque o namorado dela não devia estar morando lá. Não queria recorrer à justiça e mover uma

---

[*] Tenho sentimentos muito confusos sobre essa questão. Isso é culpar a vítima, como se os sobreviventes de abuso tivessem, de algum jeito, que assumir a responsabilidade de não sofrer abuso. Ao mesmo tempo, precisamos saber a resposta para essa pergunta para podermos ajudar as pessoas a saírem de relacionamentos violentos como esse.

ação contra ele, porque algumas vezes ela havia começado as coisas e não confiava no sistema.

"Não tínhamos controle"

Para ser honesto, a história que ouvi de Nikki não era a história que eu procurava quando liguei para ela. Estava curioso em relação às pessoas que ficavam com raiva e se envolviam em brigas físicas por causa disso. O que ela me contou, porém, era mais uma história de violência entre parceiros íntimos em que, apesar de ela ter "começado" algumas vezes,* na grande maioria das vezes ela era a vítima de violência, manipulação e gaslighting.

Dito isso, o que ficou evidente da conversa com ela, porém, foi que sua resposta agressiva era muito rápida quando ficava enraivecida, e isso não se limitava às brigas que tinha com ele. "Já havia ficado incontrolavelmente furiosa antes, a ponto de não conseguir usar as palavras", ela disse. "Eu surtava e agredia a pessoa." Nikki descreveu, por exemplo, brigas físicas muito intensas com os irmãos. Eles trocavam socos com frequência, às vezes no rosto. Ela me disse: "Nós três tínhamos problemas com raiva e nos atacávamos, e não acredito que isso fosse algo muito comum, considerando que às vezes se torna físico, como quando socávamos a cara um do outro e realmente nos agredíamos fisicamente".

Isso me deixou curioso. Sou o caçula de três irmãos: uma irmã e dois irmãos. Às vezes nos provocávamos, e de vez em quando os mais velhos me batiam, muitas vezes no braço ou no ombro, mas acho que não costumava ser com raiva. Ninguém estava tentando machucar ou ofender ninguém, e não me lembro de nenhum de nós jamais ter

---

* Depende de como você define "começar", porque os exemplos que ela me deu eram do namorado a tratando de um jeito horrível, e ela explodindo em resposta.

dado um soco no rosto dos outros. Na verdade, só consigo me lembrar de um punhado de vezes em que brigamos fisicamente em resposta a uma discussão ou por raiva.

Independentemente da experiência em minha família, consegui encontrar um artigo de pesquisa de 2015 sobre agressão entre irmãos para ter uma ideia melhor de frequência. De acordo com os drs. Neil Tippett e Dieter Wolke[31] da Universidade de Warwick, que pesquisaram quase 5 mil indivíduos entre dez e quinze anos sobre a experiência de agressão entre irmãos como agressores e/ou vítimas, aproximadamente 50% dos respondentes foram vítimas de agressão física de um irmão. Era mais comum entre dez e doze anos (58,1%) do que entre treze e quinze anos (41,9%), e tinha forte relação com ser o autor da agressão contra um irmão. Ou seja, as crianças que batiam nos irmãos tinham sido agredidas por um irmão. O que esse estudo não me disse, e essa era uma curiosidade no contexto de Nikki, era a gravidade desses atos agressivos. Embora ambos sejam ruins, um soco no ombro não é como um soco no rosto, e ainda não tenho uma noção de quanto o último é comum.

O que Nikki descreveu não me pareceu algo corriqueiro. Ela tem dois irmãos mais novos e disse que havia muitas brigas físicas entre eles quando eram mais novos, mas que isso continuou no início da vida adulta. Ela descreveu alguns Natais quando houve brigas físicas. Veja o que ela disse sobre isso:

> Um deles dava um soco no braço, e eu devolvia com outro soco no braço, e então isso progredia até estarmos socando a cara um do outro e trocando puxões de cabelo. E na manhã seguinte estava sempre tudo bem, mas na noite anterior tudo havia sido resultado de raiva. Pedíamos desculpas e fazíamos comentários como, "Aquilo progrediu depressa". Não tínhamos controle, percebíamos que não tínhamos controle,

seguíamos em frente, mas... chegava ao ponto em que aquilo era tão explosivo, que era... sabe... "Preciso te machucar".

Ela me contou que os pais discutiam de vez em quando, mas nunca se agrediam fisicamente. Reclamavam um do outro, mas era só isso. O pai muitas vezes tinha que sair para se acalmar, o que era melhor, provavelmente, porque ele tinha um histórico de agressão, e é provável que Nikki tenha aprendido assim alguns estilos de manifestação da raiva.[*] "Meu pai sempre teve temperamento explosivo, como nos contou. Ele dizia 'Quando eu tinha a idade de vocês, sempre me envolvia em brigas de soco e brigas de bar'." Ele até contou para ela uma história sobre uma briga na qual pensou ter matado uma pessoa, porque foi muito violenta. Foi uma briga de bar provocada por amigos. Ele já havia sido preso por brigas de bar e outras coisas, mas essa briga em especial foi o ponto crucial, quando percebeu que tinha que mudar.

Mas quando ela era criança, ele enviava mensagens muito claras sobre a necessidade de resolver alguns problemas com agressão. Crianças sempre aprendem a expressar emoções com o exemplo de seus cuidadores. Se o principal estilo de manifestação de raiva de um dos pais ou cuidador principal é gritar, a criança vai aprender a gritar. Se é chorar, a criança vai aprender a chorar, e se eles brigam, a criança vai aprender a brigar. Mas nesse caso, o pai de Nikki era ainda mais direto, inclusive ensinando os filhos a se defender fisicamente e dar socos. Ela me contou que ele dizia: "Se alguém te atacar, é melhor se defender".

---

[*] Isso está de acordo com o artigo de Tippett e Wolke mencionado há pouco, que descobriu que "características parentais eram mais fortemente ligadas à agressão entre irmãos".

Perturbações invisíveis

Como você já sabe, tenho minhas próprias experiências com um pai raivoso. No entanto, a situação com ele era bem diferente. Ele não era briguento. Na verdade, que eu saiba, meu pai nunca se envolveu em uma briga física na vida adulta, e suspeito que essa também não era uma ocorrência regular quando ele ainda era criança. Meu pai gritava, e isso criava um conjunto muito diferente de consequências para o relacionamento.

Antes de ter filhos, eu tinha uma cachorra; uma *beagle* doce chamada Kinsey.* Um dia, eu estava assistindo a um jogo de futebol e ela estava perto de mim, deitada na cama dela. Fiquei bravo com uma falta que julgava não ter existido e gritei com a TV. Gritei alto, e acho que continuei gritando por um tempinho. Quando passou e eu me acalmei, olhei para baixo e vi que ela estava assustada. Estava tremendo e me olhando incomodada. Não estava só com medo; era medo de mim.

Foi um momento inesperadamente doloroso, porque percebi que a tinha assustado muito, algo de que não gostava, mas também porque — e sei que isso pode me fazer parecer bobo — a situação me levou de volta à infância, quando ouvia meu pai gritar com alguém. Aquilo me deixava muito assustado, e passei boa parte da minha infância com medo dele.

Vale a pena ter em mente que ele quase nunca gritava comigo. Só consigo pensar em algumas poucas vezes em que isso aconteceu. Eu raramente era o alvo de sua raiva, mas estar por perto quando se enfurecia com outras pessoas ainda interferia no nosso relaciona-

---

* Como sou psicólogo, as pessoas presumem que demos esse nome a ela por causa do dr. Alfred Kinsey, o famoso pesquisador sexual das décadas de 1940 e 1950. Mas não foi. O nome dela era Kinsey Millhone, da série *Os Crimes do Alfabeto de Sue Grafton*, mas nós a chamávamos e "Kinsey Mill-hound".

mento, porque eu tinha muito medo dele. Há duas lições importantes a serem aprendidas aqui:

1. É provável que ele nem imaginasse o medo que eu tinha dele;
2. Nada disso seria capturado pelas pesquisas mencionadas.

Com relação ao primeiro ponto, como ele poderia saber? Eu nunca falei nada. Afinal, eu tinha medo dele, assim, tentar ter uma conversa pessoal com ele em relação aos meus sentimentos estava fora de cogitação. Quando fiquei mais velho, não tinha mais tanto medo dele, só me sentia incomodado com a sua presença. Os anos de medo na infância tiveram um impacto tão significativo em mim que, quando adulto, nunca senti que poderia ser eu mesmo. Sempre que estava perto dele, me sentia como se estivesse em uma entrevista de emprego. Precisava exibir meu melhor comportamento, porque tinha medo de deixá-lo bravo. O que é engraçado e triste nisso é que as coisas de que eu tinha medo raramente aconteciam quando me tornei adulto. Ele começou a abrandar, na verdade, à medida que foi envelhecendo, e vi cada vez menos daquelas explosões furiosas. Mas meu desconforto nunca foi embora.

Esse é outro jeito de a raiva prejudicar relacionamentos. Pessoas que ficam com raiva de modo frequente e intenso, em especial se expressarem essa raiva externamente, provocam desconforto ou medo nas pessoas em torno delas. As pessoas próximas passam os dias esperando outra explosão, tentando não fazer nada que possa provocá-la. Quando a explosão acontece, sejam elas responsáveis ou não, essas pessoas se sentem obrigadas a tentar consertar as coisas. Como me disse aquele cliente, é como viver com um *tirano*.

Enquanto isso, a pessoa raivosa provavelmente tem pouco conhecimento de como suas explosões podem afetar as pessoas no seu entorno. É provável que não percebam o medo ou o desconforto.

Quando pesquisas como o Questionário de Consequências da Raiva fazem perguntas sobre a frequência com que pessoas experimentaram certas consequências, se a pessoa que está respondendo à pesquisa não tem essa consciência, a pesquisa não captura toda a extensão das consequências. É possível que os resultados daqueles estudos anteriores sejam uma significante subestimativa.

Ofensas e agressões on-line

Outra coisa a manter em mente é que o Questionário de Consequências da Raiva foi redigido em 1996 e revisado em 2006, bem antes da onipresença das redes sociais — e das consequências muito reais da raiva que as acompanham. Alguns anos atrás, mostrei o questionário aos meus assistentes de pesquisa, e eles comentaram que faltava uma categoria inteira de consequências: aquelas coisas que podem acontecer quando você posta sua raiva. Começamos a trabalhar em um Questionário de Consequências da Raiva On-line, que poderia ser usado como um complemento para a outra escala.[*]

Para redigi-la, começamos gerando uma lista das coisas negativas que aconteceram com as pessoas e seus conhecidos em resultado de expressar sua raiva on-line. Terceirizamos essa geração de itens para — isso mesmo — as redes sociais, para gerar tantos exemplos quanto fossem possíveis. Fico feliz por termos feito isso, porque as pessoas mencionaram coisas em que eu nunca teria pensado. Eu sabia, por exemplo, que às vezes as pessoas tinham problemas no trabalho por causa de alguma postagem, ou mandavam e-mails de que depois se arrependiam. Mas não sabia que as pessoas postavam intencional-

---

[*] A escala propriamente dita não foi publicada até o momento, mas escrevemos as perguntas e colhemos dados explorando o relacionamento entre esses itens e outras consequências da raiva.

mente fotos pouco lisonjeiras de outras pessoas como um meio de obter vingança. Também não sabia com que frequência as pessoas postam alguma coisa na esperança de a pessoa de quem estão com raiva veja essa postagem (uma forma de postagem passivo-agressiva ou mídia antissocial).

A escala final incluía dois tipos primários de consequências on-line: ofender e agredir os outros. A primeira categoria descreve situações em que alguém posta alguma coisa por raiva e acaba ofendendo alguém de quem gosta. O mais comum é que relatem arrependimento pela postagem. Isso inclui exemplos como: "Perdi um amigo ou prejudiquei um relacionamento por causa de uma coisa que postei quando estava com raiva" ou "Tive problemas no trabalho porque postei sobre meu emprego quando estava com raiva". A segunda categoria, agredir outras pessoas, inclui o desejo mais intencional de ferir as pessoas por meio de comportamento on-line. Entre os itens nela incluídos estão "Revelar informação confidencial/privada sobre alguém em uma rede social" ou "Xinguei alguém de um nome obsceno on-line".

Mais uma vez, a frequência com que as pessoas prejudicaram relacionamentos foi alarmante. Esses participantes não eram normalmente raivosos (na verdade, a pontuação deles em outras medidas de raiva estava dentro dos limites da normalidade), e eles relataram ter ofendido alguém on-line pouco mais de uma vez no último mês, e também tentaram ferir intencionalmente alguém on-line em média 1,1 vez no último mês. Essas duas subescalas foram relacionadas a diversos outros problemas associados à raiva, como outras consequências da raiva e expressões desajustadas. Basicamente, se você sentiu raiva com frequência ou em alta intensidade, e a expressou externamente, você também esteve propenso a prejudicar relacionamentos por causa da sua raiva via redes sociais.

> **ATIVIDADE: EXPLORAR CONSEQUÊNCIAS NOS RELACIONAMENTOS**
>
> Esta atividade serve para fazer você pensar de maneira ampla sobre as possíveis consequências de sua raiva para os relacionamentos, em duas etapas:
>
> 1. Identifique cinco pessoas importantes em sua vida (como família, amigos, colegas de trabalho);
> 2. Pense em como eles sentiram sua raiva e como ela os fez se sentir. Por exemplo, você gritou com eles, e isso pode tê-los deixado com medo ou magoados? Tem sido passivo-agressivo com eles, e isso pode tê-los deixado com raiva? Feriu seus sentimentos com alguma coisa que postou on-line?

"Uma confusão de emoções"

Pensando na história de Nikki, algumas coisas se destacam. A primeira é que esse incidente foi transformador. "Aprendi com aquilo", ela disse. "Estou tentando agir melhor quando sinto que vou explodir. Eu me afasto. Não me envolvo em uma briga física desde 2016."

"O que faz para conter-se quando sente aquela raiva incontrolável?", perguntei.

"Ultimamente, só me afasto. Preciso parar de falar com a pessoa e sair da situação. Vou pra outro cômodo, ou até para o meu carro, para poder me sentar e me acalmar um pouco", ela contou.

Outra coisa que se destaca é como ela se sentiu impotente, não só durante aquela última briga, mas na maioria dos dias com ele. Ela disse o seguinte:

> Eu me formei em psicologia e desenvolvimento humano com especialização em estudos de mulheres e gênero. Isso realmente me fez focar na equidade de gênero. Eu me senti empoderada e me identifiquei

como feminista por causa disso. Falava disso com ele, e sua reação era que ele podia me bater.* A resposta dele ao perceber que eu me sentia poderosa era me fazer sentir impotente. Ele me diminuía e me colocava para baixo. A situação chegou a um estágio em que ele me manipulou a ponto de eu sentir que ninguém gostava de mim.

Há muita coisa a ser examinada aqui. A crueldade dele é óbvia, mas seu medo também. É assim que se comporta uma pessoa que se sente ameaçada. Ele sentia tanto medo do empoderamento de Nikki que se via compelido a empurrá-la de volta para baixo. Afinal de contas, se ela se sentisse muito poderosa, o mandaria embora.

Outra coisa que quero analisar aqui, porém, são os sentimentos dela de impotência e raiva. Aquela pessoa a tratava de um jeito horrível e injusto e interferia em sua vida (bloqueava seus objetivos). Ela ficava furiosa, e tinha todo o direito de ficar, mas não sabia como lidar com aquela raiva. Sentia-se impotente, com medo e "toda uma confusão de emoções". Também sentia raiva dela mesma, e dizia: "Eu devia ter enxergado. Podia ter ido embora. Podia ter feito alguma coisa. Sinto muitas coisas ao mesmo tempo".

Essa confusão de emoções — a raiva dele, a raiva dela mesma, o medo, a tristeza — é muito comum. A raiva não acontece no vácuo. Nós a sentimos ao mesmo tempo que sentimos outras coisas, como tristeza, culpa, ciúme, medo e até alegria. Na verdade, uma das consequências mais comuns da raiva desajustada é o efeito que ela

---

* Acredito que a lógica dele aqui era alguma coisa mais ou menos como "Se acredita em direitos iguais, tudo bem bater em você, porque é assim que eu trataria um homem". Vi esse argumento antes, quando visitei fóruns on-line de vários grupos patriarcais (para fins de pesquisa, não se pode pesquisar raiva on-line sem ler as opiniões de supremacistas brancos e sexistas). Se sua primeira resposta à ideia de igualdade é "Bom, agora eu posso bater em você", falta muita humanidade na sua visão de mundo.

tem sobre a própria pessoa que a sente, tanto no campo físico quanto no emocional. Pessoas cronicamente enraivecidas sofrem muito por causa de sua raiva, e a maneira com que sofrem depende muito de como tendem a expressar a raiva.

SAÚDE FÍSICA E MENTAL 8

"Fazedores, capazes de realizar suas funções particulares"
No meio da década de 1950, dois médicos perceberam algo peculiar em seus pacientes portadores de doença coronária. Os drs. Meyer Friedman e Ray Rosenman eram cardiologistas e dividiam um consultório particular em São Francisco. Eles notaram que os pacientes mais jovens (qualquer um com menos de sessenta anos) com problemas cardiovasculares quase sempre exibiam um certo conjunto de características de personalidade. Eram determinados, ambiciosos, nervosos, competitivos e se frustravam com facilidade. Essa observação os levou a pensar sobre algo que hoje é relativamente óbvio, mas na época não era nada convencional: poderia existir uma ligação entre essas características de personalidade e doença cardíaca?

Como fazem os bons cientistas, eles testaram a hipótese e escreveram os resultados para um artigo publicado em 1959 no *Journal of the American Medical Association* [Revista da Associação Médica Americana] intitulado "Association of Specific Overt Behavior Pattern with Blood and Cardiovascular Findings" [Associação de padrão de comportamento evidente específico com achados sanguíneos e cardiovasculares].* Nesse estudo, eles compararam dois grupos de participantes que foram formados com base nesses padrões de comportamentos. O Grupo A foi definido assim:

1. Um impulso intenso, sustentado para alcançar objetivos autosselecionados, mas normalmente mal definido;

2. Profunda inclinação e avidez para competir;

3. Desejo persistente por reconhecimento e progresso;

4. Envolvimento contínuo em múltiplas e diversas funções sujeitas constantemente a restrições de tempo (prazos);

5. Propensão habitual a acelerar o ritmo de execução de muitas funções físicas e mentais;

6. Extraordinária prontidão mental e física.**

O Grupo B era o oposto disso. Esses participantes tinham "relativa ausência de determinação, ambição, senso de urgência, desejo de competir ou envolvimento em prazos". Havia um terceiro grupo, o Grupo C, que era formado por 46 homens cegos e desempregados. Foram selecionados porque, embora não exibissem as características do Grupo A, estavam sob estresse extraordinário por causa da deficiência física. Essa foi a tentativa de Friedman e Rosenman de esclarecer o impacto dos estressores provocados por ambiente/situação de vida.

---

* Vale a pena notar que eles chamam de "padrão de comportamento", em vez de característica de personalidade. Na década de 1950, o behaviorismo dominava o campo da psicologia a ponto de não se falar em personalidades. Psicólogos, ou médicos, nesse caso, precisavam de alguma coisa observável sobre a qual falar, então falavam sobre "padrões de comportamento", que podem ser vistos e medidos, em vez de personalidades, que não podem.

** Oi, bom Deus, sou eu. Eles estão me estudando.

Os participantes dos três grupos foram entrevistados, observados e pesquisados em tudo, desde a existência dessas características até o histórico familiar, passando por como se sentavam durante a entrevista. Eles "colheram sangue uma vez entre nove e onze horas da manhã" e foram avaliados por vários outros exames cardiovasculares. É nesse ponto do artigo que Friedman e Rosenman descrevem o Grupo A como "fazedores, capazes de realizar suas funções particulares".* O que eles encontraram foi que o Grupo A era muito menos saudável. Eles se alimentavam pior, dormiam menos, bebiam e fumavam mais. Tinham colesterol mais alto, o sangue coagulava mais devagar, e eram mais propensos a ter doença coronária clínica.

Em última análise, esse estudo e essas descobertas fornecem a origem de um conceito duradouro em psicologia e medicina — porque "Grupo A" passou a ser conhecido como "Tipo A".

Impaciência

Pessoas Tipo A tendem a ser ambiciosas, rígidas e estruturadas, extrovertidas, ansiosas, impacientes e hostis. No entanto, uma das características emocionais mais relevantes da personalidade Tipo A é que essas pessoas sentem raiva com facilidade. Uma das consequências de ter expectativas elevadas e objetivos grandiosos é que esses objetivos podem ser bloqueados — às vezes com facilidade. Pessoas Tipo A não só têm expectativas elevadas para elas mesmas, como também para os que estão em torno delas. Querem que colegas de trabalho, amigos, cônjuges, filhos e outros façam "o que têm que fazer" e, quando isso não acontece, ficam com raiva.

---

* O que me fez minha esposa dar risada. "Era assim que definíamos ambição?", ela perguntou. "Só fazer as coisas que você devia fazer?"

Vejamos meu ex-cliente Rob,* por exemplo. Rob era excessivamente orientado por objetivos, tanto na vida pessoal quanto na profissional. Ele começava todos os dias com complicadas listas de afazeres, e ia para a cama desapontado quando não cumpria todos eles. Se não cumprisse todos os afazeres por sua culpa, ele se sentia triste e culpado. Mas quando pensava que não tinha atingido suas metas por culpa dos colegas de trabalho, ele ficava com raiva. Muita raiva, às vezes. Não era de gritar e berrar, mas ia para casa e desabafava com a esposa sobre como eles tinham estragado tudo. Ele ficava com raiva quando as pessoas não respondiam um e-mail com a rapidez esperada, ou quando deixavam de cumprir prazos, até os menos importantes. Tudo foi se acumulando, a ponto de até as pequenas coisas começarem a afetá-lo. Pessoas que não se mantinham focadas durante reuniões, ou que andavam muito devagar no corredor começaram a parecer obstáculos muito maiores do que realmente eram. Ele passava o dia obcecado com o motivo de as pessoas serem "tão ruins no trabalho que faziam" e como eram o motivo de ele "nunca conseguir fazer nada".

Rob era o clássico Tipo A, e com o tempo isso começou a ter consequências. Ele passava a maior parte do dia frustrado, e sua saúde, mental e física, pagava o preço. Essa é a experiência das pessoas cronicamente raivosas. Uma das consequências mais significativas é em relação à saúde física. O interessante é que é difícil encontrar pesquisa que explore as consequências sobre a saúde da raiva por si só. O comum é que isso esteja atrelado na pesquisa a outros conceitos relacionados (como personalidade Tipo A ou neuroticismo, de modo geral).

Por exemplo, uma análise de 2006[32] feita por Timothy Smith na Universidade de Utah examinou como a personalidade se relacionava

---

* Não é seu nome verdadeiro.

com saúde física. Falando de maneira estrita, uma personalidade é diferente de uma emoção. Personalidade é um conjunto relativamente estável de qualidades ou características, como extroversão, obsessão ou disponibilidade para novas experiências. Dito isso, uma pessoa pode ter uma personalidade raivosa no sentido de responder demonstrando raiva com frequência e facilidade. Nesse caso, não é que estejam raivosos o tempo todo (da mesma forma que uma pessoa extrovertida pode não estar o tempo todo agindo com extroversão), mas tendem a se enraivecer com mais facilidade quando provocados. Rob tinha uma personalidade raivosa. O artigo de Smith era uma revisão de pesquisas anteriores sobre o assunto, e ele aponta a descoberta consistente de que "logo a hostilidade emergiu como a característica mais doentia do Tipo A". De fato, quando você analisa os diferentes aspectos da personalidade Tipo A e observa competitividade, ambição e hostilidade separadamente, descobre que competitividade e ambição têm consequências menores para a saúde, se é que têm alguma, enquanto hostilidade e raiva são significativas.

Consequências em longo prazo de sessões de reclamações

Um estudo fascinante e abrangente sobre isso foi publicado em 2002[33] quando a dra. Patricia Chang e colegas quiseram entender melhor a relação entre raiva e desenvolvimento posterior de doença cardiovascular. No entanto, um dos desafios de se fazer esse tipo de pesquisa é que, se você esperar até as pessoas desenvolverem doença cardiovascular com o intuito de analisar a vida pregressa delas para ver o quanto foram raivosas, vai ter dados distorcidos pela memória dessas pessoas. Eles serão filtrados pela lente de seu estado atual e podem não refletir um histórico verdadeiro. Para capturar melhor as reais consequências cardiovasculares de uma vida de raiva crônica, é melhor começar a coletar dados quando os pacientes são jovens, antes de terem quaisquer consequências na saúde, e então esperar para ver que problemas vão surgir posteriormente.

Isso nos leva ao "The Johns Hopkins Precursors Study" [O estudo dos precursores de Johns Hopkins], um estudo longitudinal desenvolvido pela Escola de Medicina na Universidade Johns Hopkins durante setenta anos sobre impactos na saúde. O estudo, iniciado pela dra. Caroline Bedell Thomas, começou em 1948 e continua até hoje com avaliações anuais dos participantes. De acordo com um artigo recente na *HUB*, a revista da Johns Hopkins, "sem saber que métricas se mostrariam importantes, Thomas mensurou simplesmente tudo em que conseguiu pensar, inclusive níveis de colesterol, consumo de álcool e pressão arterial. Ela até fez os participantes enfiarem as mãos em água gelada e fumar cigarros para medir suas reações fisiológicas".[34] Consequentemente, são aproximadamente 2.500 variáveis para cada participante, inclusive algumas relacionadas à raiva e hostilidade. O estudo apareceu em mais de 150 trabalhos de pesquisa publicados até agora.

Um desses trabalhos de pesquisa é o estudo de 2002 que Chang e colegas fizeram para entender melhor essa questão, intitulado "Anger in Young Men e Subsequent Premature Cardiovascular Disease" [Raiva em homens jovens e subsequente doença cardiovascular prematura]. Eles examinaram as respostas de mais de mil participantes para determinar se uma resposta raivosa ao estresse preveria posterior doença cardiovascular. Os participantes que completaram o estudo inicial (1.337 alunos da graduação entre 1948 e 1964) indicaram como costumavam reagir ao estresse. Havia três opções relacionadas à raiva: raiva expressa ou oculta, sessões de reclamação e irritabilidade. Cada uma é exatamente o que parece. Se reage ao estresse ficando com raiva, irritável ou reclamando com um amigo ou colega de trabalho, você marcava essa opção. Na sequência, os pesquisadores observaram se as pessoas que marcaram essa opção desenvolveram doença cardiovascular prematura (antes dos 55 anos de idade) posteriormente. O que eles descobriram foi que, quanto mais raiva declaravam os sujeitos, maior era a probabilidade de terem problemas cardiovasculares precoces. Eles também analisaram se isso se mantinha mesmo quando havia controle para emoções como depressão e ansiedade.* De fato, mesmo quando controlavam depressão e ansiedade, casos severos de raiva eram associados a doença cardíaca precoce.

    O que é sempre difícil de isolar nessas descobertas, no entanto, é *por que* isso é verdadeiro. O que tem na raiva e na hostilidade que leva a essas consequências negativas para a saúde? Há algumas possibilidades diferentes. Primeiro, raiva crônica pode levar a consequências diretas sobre a saúde fisiológica. Como falamos no capítulo 3, quando você fica com raiva, o sistema nervoso simpático é acionado. A frequência cardíaca aumenta, os músculos se contraem e assim por diante. Permanecer nesse estado por longos períodos, que é o que acontece quando você é cronicamente raivoso, traz consequências para a saúde como doença coronária, dor muscular crônica, dores de cabeça tensionais e outros tipos de problemas de saúde relacionados ao estresse. A segunda possibilidade é que pode haver consequências indiretas para a saúde. Pessoas cronicamente raivosas tendem a usar álcool, nicotina ou outras drogas com mais frequência que as outras pessoas. Podem comer em excesso ou ter outros comportamentos não saudáveis associados a ocorrências negativas de saúde. Em última análise, é provável que uma combinação dessas duas possibilidades explique por que encontramos

---

*   A medida deles para raiva era relacionada às medidas deles para depressão e ansiedade, o que é uma descoberta consistente nos estudos. Como vamos discutir, a raiva não tem apenas consequências fisiológicas; ela também tem consequências para a saúde mental.

com tanta consistência essas relações entre raiva e problemas de saúde fisiológica.

Síndrome da adaptação geral

Dr. Hans Selye, um médico que estudou e pesquisou sobre o estresse, descreveu uma síndrome da adaptação geral com três estágios (alarme, resistência e exaustão) que explica por que a saúde física pode ser comprometida em resposta ao estresse.[35] Mais uma vez, vale a pena notar que estresse é diferente de raiva, mas emoções como raiva, medo e tristeza são elementos comuns do estresse, por isso é relevante que seja abordado. Quando encontramos um estressor ou acontecimento enraivecedor, respondemos primeiro com alarme, e o sistema de luta ou fuga entra em ação. Esse é um estágio relativamente breve, antes do início do segundo estágio da síndrome da adaptação geral, resistência. No estágio de resistência, o corpo libera vários hormônios, inclusive cortisol, para ajudar a manter a energia e lidar com a ameaça continuada. Por fim, o terceiro estágio é a exaustão, no qual nos sentimos enfraquecidos fisicamente depois de termos lutado por tanto tempo contra a ameaça percebida. Ficamos cansados, perdemos o apetite, o sistema imunológico fica suprimido e perdemos até mesmo a motivação para realizar as atividades do dia.

Algumas consequências do estresse em longo prazo para a saúde têm a ver com a liberação de cortisol na fase dois. O cortisol é um hormônio que provoca a aceleração do metabolismo, portanto, fornece combustível adicional e melhora o sistema imunológico em curto prazo. Com o tempo, porém, em razão do estresse crônico, o cortisol esgota os músculos e enfraquece o sistema imunológico, podendo causar ganho de peso, problemas com insônia, aumento da pressão arterial e dores de cabeça. Estresse em longo prazo também pode danificar áreas do cérebro associadas à memória e à concentração.

De fato, parecido com o resultado dessa resposta de estresse e do papel do cortisol, vemos um amplo espectro de consequências da raiva crônica para a saúde. Não são só os sintomas cardiovasculares associados à personalidade Tipo A ou encontrados no Precursors Study. A raiva crônica foi associada à dor crônica, câncer, propensão a doenças e artrite. Parte disso, porém, não é explicada apenas pelo impacto direto da raiva. Deve haver mais coisas acontecendo, além das consequências do sistema de luta ou fuga e da síndrome da adaptação geral.

Como Smith apontou em uma análise de 2006, é provável que o impacto da raiva e da hostilidade aconteça parcialmente por mecanismos mais indiretos. Raiva crônica pode, por exemplo, impactar a saúde também por meio dos comportamentos em saúde. Pense um pouco sobre a variedade de maneiras pelas quais as pessoas lidam com emoções negativas e estresse. Embora alguns lidem com isso valendo-se de abordagens mais positivas, como meditação e exercício físico, muitos adotam um estilo de vida menos saudável durante esses tempos difíceis. Podem comer em excesso, consumir muito álcool ou fumar. Podem dormir menos e se exercitar menos. O que descobrimos frequentemente na raiva crônica é que eles adotam vários desses comportamentos quando estão raivosos, e esses comportamentos menos saudáveis provocam ocorrências negativas de saúde.

Vejamos, por exemplo, o estudo[36] de 2000 dos drs. Linda Musante e Frank Treiber, que explorou a relação entre estilos de expressão da raiva e comportamentos em saúde em adolescentes. Eles estudaram mais de quatrocentos participantes adolescentes, fazendo perguntas sobre sua raiva e uma variedade de comportamentos em saúde (atividade física, consumo de álcool e nicotina e outros). Descobriram que o estilo de expressão da raiva realmente influencia comportamentos em saúde, com adolescentes que suprimiam a raiva sendo menos fisicamente ativos e consumindo álcool com mais frequência. Então, aqui está um caso em que até uma forma de raiva que nem sempre é associada à ativação fisiológica — porque eles a estão suprimindo, em vez de expressá-la — ainda tem um impacto negativo sobre a saúde física.

Mais de vinte pontos

Uma das possíveis maneiras pelas quais a raiva pode nos prejudicar de modo físico, e que ainda não discutimos, é provavelmente a mais óbvia. De vez em quando nos machucamos —, em geral sem intenção, mas algumas vezes intencionalmente — em consequência da raiva. Uma vez uma cliente me mostrou um corte profundo em seu braço que havia exigido mais de vinte pontos. Ela contou que havia se embriagado no fim de semana anterior, ficado com raiva do namorado e dado um soco em uma janela. Ela quebrou a janela, e quando puxou o braço de volta, rasgou-o nos cacos de vidro que ainda restavam na estrutura. Era bem provável que ela tivesse cicatrizes permanentes por todo o comprimento do braço direito. Mas essa cliente teve sorte. Podia ter causado um dano muito maior a ela mesma. Podia ter cortado uma artéria importante, ou danificado nervos significativos. Essa não era a primeira vez que ela se machucava quando ficava com raiva, mas foi a pior, e um sinal de que precisava de ajuda.

Esse tipo de automutilação não intencional pode ser uma consequência para quem tem problemas de raiva. Essas pessoas costumam esmurrar uma parede e fraturam o pulso. Chutam uma mesinha de centro e quebram o pé. Comparada a outras tantas consequências, a frequência de automutilação é baixa. De acordo com nosso estudo de 2006,[37] automutilação era a consequência menos comum, com ocorrência de 0,17 vez por mês em média.* No entanto, o que é impossível extrair dessas descobertas é com que frequência esses casos de automutilação são intencionais. Algumas pessoas lidam com seus sentimentos de raiva por meio de autoagressão. Sendo honesto, isso fala da relação complicada que a raiva tem com outras emoções, como tristeza, culpa e ciúme.

Puramente furioso?

Quando comecei a estudar a raiva, meu orientador e eu estávamos desenvolvendo um procedimento de indução de humor. Queríamos aumentar sentimentos de raiva no laboratório para podermos estudar as pessoas enquanto estivessem enraivecidas. De modo geral, estávamos criando um sistema para deixar as pessoas furiosas.** Por alguma razão, era importante para os membros do meu comitê de acompanhamento de dissertação que nossa indução de raiva aumentasse só a raiva, não outras emoções. Na época, isso fez sentido para mim. Queríamos saber como as pessoas agiam quando estavam com raiva — não com medo, tristeza, ciúme ou culpa —, por isso precisávamos delas com raiva e *apenas* com raiva. Pedimos para elas responderem a um estudo chamado Differential Emotion Scale [Escala Diferencial de Emoção], que é só uma série de linhas de doze centímetros, uma para cada estado sentimental, que eles podiam

---

* Em comparação, uso problemático de álcool ou outra droga era uma consequência que ocorria 0,67 vez por mês.

** Sim, meus amigos e minha família diriam que eu sabia deixar as pessoas com raiva desde que era criança, mas aqui eu tentava fazer isso cientificamente… no laboratório… para fins de pesquisa.

marcar para indicar como se sentiam no momento.* Pedimos para responderem ao estudo, passarem por uma indução de humor, responderem novamente ao estudo, passarem por uma indução diferente de humor e fazer o estudo pela última vez.

De modo geral, conseguimos — deixamos os participantes com muita raiva, e só um pouco tristes e amedrontados, mas foi difícil. Criamos uma série de procedimentos de visualização nos quais os participantes eram convidados a imaginar uma situação frustrante acontecendo com eles. Houve um em que alguém levava um encontrão muito forte em um supermercado, e a pessoa nem pedia desculpas. Porém, quando trabalhamos com isso, descobrimos que muita gente também ficou com medo e triste. Isso nos atrasou muito, porque tínhamos que revisar o roteiro a toda hora e tentar minimizar aquelas outras emoções. Fazendo uma retrospectiva, não tenho tanta certeza de que fazia sentido dar tanta importância a elevar só a raiva. Do lado de fora do laboratório, a raiva não acontece no vácuo. As pessoas sentem raiva enquanto sentem medo, tristeza e ciúme.

"Jogando coisas, gritando e chorando"

Isso nos remete a Chris,** uma mulher que me contou como suas explosões de raiva são sempre ligadas a outra emoção: ansiedade.

> O exemplo favorito do meu marido é do primeiro apartamento onde moramos. Eu mantinha toda minha papelada e as contas naquelas caixas de arquivo. Eram caixas de plástico com tampa. Bom, eu fiquei

---

* Eu me lembro de que tinham doze centímetros porque tive que medir cada uma com uma régua para determinar a pontuação. Com quase trezentos participantes e doze medidas por participante, fiz 3.600 medições para determinar como meus participantes se sentiam em diferentes estágios do estudo.

** Novamente, não é seu nome verdadeiro. Carl também não é o nome real do marido.

com raiva dele, e deve ter sido por causa da minha ansiedade. Nem me lembro do motivo da briga, mas peguei a tampa de uma daquelas caixas e arremessei do outro lado da sala. Queria acertar a parede. Estava com muita raiva, e a joguei com tanta força que ela se espatifou em muitos pedaços. Ele adora contar essa história, mas, para mim, ela é constrangedora.

Levei muito tempo para entender que sofria de ansiedade e para perceber o que era. Agora sei que a raiva vinha da ansiedade. Acho que o que acontecia era que eu ficava ansiosa e não conseguia pensar com clareza, além de não conseguir fazer nada ou de me sentir à vontade. Aquilo me fazia sentir raiva, porque eu não sabia o que fazer.

Simplesmente vinha como raiva, enquanto algumas pessoas podem se afundar em uma depressão, ou desenvolver um capricho excessivo e limpar a casa loucamente, ou algo do tipo. Para mim, a ansiedade vinha como raiva, jogar coisas, gritar e chorar.

Tenho transtorno de ansiedade generalizada e fico ansiosa com qualquer coisa. Muito da minha ansiedade tinha a ver especialmente com dirigir. Eu ficava ansiosa quando o sinal ficava amarelo. Devia atravessar ou parar? Ter problemas com a polícia era outra coisa. No momento, tenho ataques de ansiedade muito severos relacionados a ter problemas no trabalho. E também com ter problemas com Carl, meu marido, embora nunca tenha tido problemas com ele. Sim, é como um sentimento muito abrangente de preocupação e ansiedade que agora é controlado com medicação, felizmente.

A principal característica do transtorno de ansiedade generalizada (TAG) é *preocupação*. Pessoas com TAG se preocupam com muitas coisas diferentes, desde cometer erros no trabalho a coisas terríveis acontecendo com as pessoas amadas. Esses pensamentos negativos inundam a cabeça dessas pessoas a ponto de ser difícil se concentrar, terminar tarefas e dormir. Para Chris, o padrão era se entregar a essa preocupação excessiva, ficar frustrada por causa do impacto que isso causava na vida dela e perder a calma. Ela se sentia descontrolada e isso provocava um sentimento de impotência que levava à frustração, raiva e não saber o que fazer com tudo isso.

Descrevi esse padrão para ela e perguntei o que achava. Sua resposta revelou muito. "Sim, com certeza. E aí as pessoas tentavam me dizer que 'estava tudo bem' e 'não era nada tão grave', e eu ficava com raiva."

As pessoas tentavam ajudar, mas só conseguiam deixá-la ainda pior. "Eles não me ouviam", ela disse. "Ninguém conseguia entender, eu não conseguia encontrar um jeito de expressar o que sentia e eles não entendiam. Alguma coisa estava errada, e ninguém prestava atenção em mim."

Em resumo, ela estava dizendo que sentia medo, e na pressa para ajudá-la, as pessoas sem querer minimizavam aqueles sentimentos dizendo a ela para relaxar, que tudo ia ficar bem. Para ela, era como se as pessoas dissessem que seus sentimentos não eram reais. Chris acabou procurando terapia e teve uma compreensão melhor do que estava acontecendo.

"Eu contava na terapia que as palavras que eu menos gostava de ouvir de Carl eram 'está tudo bem'. Não, não há nada bem! Como é possível não ver a dificuldade dentro de mim? Agora estou aprendendo em terapia técnicas adequadas para articular essa dificuldade."

O que Chris descreve é uma parte importante da administração de emoção. As pessoas precisam aprender não só o que estão sentindo, mas como comunicar esses sentimentos a seus entes queridos. Chris precisava aprender a reconhecer quando se sentia ansiosa, dizer ao marido que estava ansiosa, mas também ajudá-lo a entender como ela se sentia quando, sem querer, ele minimizava esses sentimentos.

"Começou com o reconhecimento de que era ansiedade e a aceitação dela", Chris me contou. "Essa foi a maior coisa. Só aceitar que aquilo era o que eu estava sentindo. Tentar entender quais eram os gatilhos — o que a causava? Também uso muitas técnicas para me controlar, mas minha favorita é a dos cinco sentidos, em que primeiro você pensa em cinco coisas que pode ver, quatro coisas que pode tocar, três coisas que pode ouvir, duas coisas que pode cheirar e uma coisa cujo gosto pode sentir. Quando você chega a essa única coisa, meio que distraiu a mente da ansiedade e está focado nas coisas que são tangíveis."

Uma emoção secundária?

A história de Chris não é muito incomum. Na verdade, me perguntam sempre se acredito que a raiva é uma "emoção secundária".[*] De fato, uma vez me perguntaram em uma entrevista de emprego: "Yoda estava certo?".

"Sobre o quê?", indaguei.

"Quando ele disse que 'Medo leva à raiva. Raiva leva ao ódio. Ódio leva ao sofrimento'. Ele estava certo?" Ele continuou e disse que sentia que as pessoas ficavam com raiva quando perdiam alguma coisa, ou quando sentiam que podiam perder alguma coisa, e que a resposta natural à perda ou ao potencial de perda era tristeza ou medo, respectivamente.

Entendo esse argumento, e acho que às vezes ele é verdadeiro. Às vezes perdemos alguma coisa — uma pessoa amada morre, ou perdemos um emprego que dava significado às nossas vidas — e primeiro ficamos

---

[*] Nem sempre me perguntam. Às vezes me dizem, como o sujeito que telefonou para o programa de rádio do qual eu era convidado e disse (com alguma hostilidade): "Quero lembrar o bom doutor de que a raiva é uma emoção secundária que vem do medo e da tristeza". Aquilo foi presunçoso. Como ele sabe que sou um bom doutor?

tristes. Mas a tristeza pode se tornar raiva quando processamos a perda. Ficamos com raiva das circunstâncias que levaram à morte daquela pessoa amada. Ficamos com raiva do chefe que nos demitiu, ou da economia ruim que causou nossa demissão. Há um argumento semelhante por aí sobre a raiva ser só depressão voltada para fora. Na verdade, quando as pessoas têm problemas de raiva, elas só estão deprimidas e não sabem como lidar com isso.

Sou menos sensível a esse último argumento. Depressão tem uma definição clínica de acordo com o *DSM-5,* e é definida amplamente como sentimentos de intensa tristeza ou prazer diminuído. Há nove sintomas diferentes de depressão, e o mais perto que qualquer um deles chega de sentimentos de raiva é que crianças deprimidas algumas vezes se tornam irritáveis. Aqueles que pensam em raiva como "depressão voltada para fora" usam uma definição de depressão diferente do resto do campo.

Na minha perspectiva, raiva não é inerentemente "secundária" a nenhuma outra emoção. No entanto, em algumas circunstâncias particulares, ela pode ser secundária. Os exemplos de luto são certamente casos nos quais a raiva é secundária àquelas emoções primárias.

Tive um cliente que sofria de severo transtorno de estresse pós-traumático depois de um acidente aéreo em combate, no qual esteve envolvido. A resposta inicial foi medo intenso, mas com o passar do tempo esse medo se transformou em raiva por qualquer um e todo mundo envolvido no acidente. Como eu disse antes, emoções são sempre complicadas. De modo geral, não acontecem por conta própria, e respondemos a acontecimentos da vida com uma variedade de sentimentos diferentes.

Há vários motivos para isso acontecer. Primeiro, para alguns, pode ser um mecanismo de enfrentamento de estresse. Pense um pouco: se tivesse que escolher, ia preferir sentir medo, tristeza ou raiva? Diante dessas opções, é provável que você escolha a raiva. Posto de maneira simples, ela é menos negativa que as outras emoções. É provável que algumas pessoas, quando sentem tristeza ou medo, reavaliem as situações de um jeito que as faça se sentir menos desconfortáveis. Não é tanto mentir para si mesmo, mas começar a focar nas partes da situação que as levam a sentir raiva, em vez de tristeza ou medo.

Por exemplo, tive uma cliente cuja casa foi invadida, e alguém roubou sua televisão. Foi no meio da noite, quando ela estava em casa, dormindo no outro cômodo. Ela não percebeu nada até a manhã seguinte, quando acordou e se deparou com uma janela aberta na sala da família e notou a ausência da televisão. De início, ficou chocada e com medo. "Como isso aconteceu?", ela se perguntava. "Como alguém invadiu minha casa no meio da noite e eu nem percebi?" Isso a fez se sentir vulnerável. "Eles podiam ter me atacado", disse. "Podiam ter me estuprado." Mas, rapidamente, ela passou para as partes da situação que a deixavam com raiva. Mudou o foco do medo para a raiva. "E agora não tenho uma TV. Preciso comprar uma televisão nova, porque um cretino roubou o que era meu."

Não é diferente de desviar o olhar de um trecho assustador de um filme, ou dizer "Tudo bem" quando alguma coisa é profundamente entristecedora para você. Tenho um bom amigo que sempre diz "Tudo vai bem" quando as coisas evidentemente não vão bem. Para ele, é um mecanismo de enfrentamento de estresse. O que está dizendo realmente é "Não quero sentir isso agora, por isso reformulo como uma coisa menos triste". A cliente que mencionei há pouco não queria pensar na própria vulnerabilidade. Queria se sentir fortalecida, e a raiva do ladrão fazia com que se sentisse poderosa, em vez de vulnerável.

Tipos de pensamentos sobrepostos

No entanto, a outra ligação nessas emoções remonta às razões pelas quais ficamos com raiva em primeiro lugar. Como você sabe, a raiva emerge como uma interação entre um precipitante, um estado pré-raiva e a avaliação daquele precipitante. Em última análise, parte desse processo de avaliação não é só para determinar se você deveria estar com raiva, mas para determinar se deveria estar com medo ou triste em relação ao estímulo (se você interpreta o estímulo como uma ameaça ou perda).

Além disso, aqueles pensamentos que levaram à raiva — alguns também levaram a medo e tristeza. Catastrofização, por exemplo, é um pensamento central associado a medo e ansiedade. Se você interpreta um acontecimento como a pior coisa que já aconteceu, provavelmente vai sentir medo, além de raiva.

Essa é uma das coisas que investiguei quando construí a Angry Cognitions Scale — o questionário que media aqueles cinco tipos de pensamentos de raiva (supergeneralização, exigência, atribuição errada de causalidade, catastrofização e rotulagem inflamatória). Queria saber se esses pensamentos também prediziam ansiedade e depressão ou não. Dei aos meus participantes uma escala chamada Depression, Anxiety and Stress Scales (Dass)[38] [Escalas de Depressão, Ansiedade e Estresse] e procurei relações entre catastrofização, supergeneralização e assim por diante com aqueles outros estados de sentimentos.

De fato, eram relacionados. Não só a raiva tem forte correlação com tristeza e ansiedade, que encontrei em praticamente todos os estudos nos quais fiz essa pergunta, mas cada um desses estados de sentimento também tinha correlação com esses tipos de pensamentos negativos. Outro estudo que fizemos em 2005[39] usando um questionário diferente — o Cognitive Emotion Regulation Questionnaire

[Questionário de Regulação Emocional Cognitiva] — descobriu que pensamentos relacionados à catastrofização e à ruminação tinham relação com depressão, ansiedade e raiva. Esse estudo até descobriu que culpar os outros, um tipo de pensamento que costumamos presumir que tem forte relação com a raiva, era tão relevante para ansiedade quanto para raiva. Embora esses estados de sentimento sejam muito diferentes uns dos outros, seus pensamentos e suas fisiologias são similares.

ATIVIDADE: RAIVA, TRISTEZA E/OU MEDO

Para esta atividade, quero que você reveja um dos incidentes de raiva que diagramou anteriormente e se pergunte quanto de sua resposta foi raiva, e quanto foi outra coisa. Você sentiu raiva "pura", ou também sentiu tristeza, medo, ciúme ou alguma outra emoção?

Em seguida, se sentiu alguma outra emoção, o que acha que provocava esses sentimentos? Sua raiva era resultado de focar as partes enraivecedoras para se sentir mais poderoso? Os pensamentos que você tinha (como catastrofização, culpar os outros) também levavam a outros sentimentos, além de raiva?

Nem sempre racional

É claro, esses pensamentos que temos quando estamos com raiva nem sempre são racionais. Provavelmente, todos já estivemos em situações nas quais sentimos tanta raiva que pensamos ou até dissemos alguma coisa que mais tarde percebemos que não fazia muito sentido. Podemos até ter passado vergonha fazendo alguma coisa de que nos arrependemos depois — algo profundamente irracional.

PENSAMENTO IRRACIONAL 9

Gravado em vídeo

O YouTube está repleto de vídeos de pessoas perdendo a cabeça. As pessoas os mandam para mim o tempo todo — às vezes amigos e colegas de trabalho, só por diversão e para saber o que penso, e às vezes a imprensa, porque querem um comentário sobre o que está acontecendo do ponto de vista da raiva. "Dá uma olhada nisso, homem da raiva! Você acredita?", eles escrevem e mandam o link de um vídeo no qual uma mulher está parada na beira da estrada ligando para a polícia porque alguém mostrou o dedo para ela, ou um homem que ameaçava alguém com um taco por causa de um desentendimento a respeito de uma conta. Há algumas versões diferentes desses vídeos. Alguns são de câmeras de segurança que registram algum tipo de briga na rua ou em uma loja. Alguns são feitos por equipes de jornalismo cobrindo um acontecimento onde acontece uma briga. Recentemente, porém, a maioria parece ser de discussões entre desconhecidos em público, e uma pessoa usa o celular para filmar o ocorrido.

Gosto de ver esses vídeos, porque eles oferecem um cenário que não vejo com muita frequência. As pessoas me contam suas histórias de raiva o tempo todo, mas eu raramente as vejo em primeira mão. Esses vídeos oferecem uma imagem de como as pessoas pensam e se comportam quando estão realmente com raiva. Quase por definição, estamos lidando com fúria extrema nesses vídeos. Caso contrário, a maioria nem teria sido gravada, e certamente não teria se tornado viral.

Em sua maioria, esses vídeos mostram pessoas enraivecidas expressando sua raiva externamente, por meio de agressão física ou verbal. Incluem gritos, berros, ameaças de violência, linguagem obscena e até atos de agressão física. Já abordei a violência motivada pela raiva no capítulo 6, mas quero explorar aqui algo diferente que sempre me fascinou. Uma coisa que esses vídeos mostram de um jeito que nem sempre podemos ver é que, quando as pessoas estão realmente furiosas, dizem coisas estranhas e muitas vezes sem sentido.

"Vou te derrubar"
Vejamos, por exemplo, um vídeo de 2018 de uma briga por vaga no estacionamento de uma loja. De modo geral, uma mulher parecia pensar que o homem que estacionou ao lado dela parou muito perto de seu carro. O vídeo começa depois de ela já ter expressado sua raiva, mas a descrição (escrita pelo homem que estacionou ao lado dela e gravou o vídeo) indica que ela estacionou primeiro, e ele, momentos depois. De acordo com a descrição, ela ficou brava por ele ter estacionado perto demais, então ele ajeitou o carro e começou a gravar o vídeo quando desceu para registrar o restante do incidente.

Nesse vídeo de dois minutos, ela faz um discurso irado de um minuto. Xinga o homem repetidamente, o chama de "velho caquético", diz que ele é velho demais para dirigir um carro tão grande, afirma que ele tem pênis pequeno e dirige um carro grande para compensar, pergunta se tem prazer sexual por brigar com uma mulher e o desafia para uma briga física. O vídeo termina com ela dizendo:

"Vou te derrubar, seu filho de uma puta… quando quiser", e aí ela se vira e entra na loja. O homem que está gravando o vídeo certamente a irrita com comentários sarcásticos e outras piadas, mas baseado no que vemos no vídeo e como outras pessoas no local respondem à situação, essa é uma reação extraordinariamente exagerada.

Contudo, o que de fato impressiona é que se olharmos o precipitante aqui — ele ter estacionado perto do carro dela —, parece que ela estava errada. A evidência está bem ali no vídeo. Ela parou em cima da faixa entre as vagas dela e dele. O carro dele é enorme e mal cabe entre as duas faixas que delimitam a vaga de estacionamento, mas se um deles estacionou mal nesse caso, pelo menos depois de ele ter ajustado a posição do automóvel, foi ela. Isso é apontado pelo dono do carro ao lado e por outra pessoa no estacionamento. Dá para ver um homem ao fundo dizendo que ela estacionou em cima da faixa. Ela perde a paciência com esse homem também, mas não é possível ouvir o que diz a ele. Essa mulher está furiosa demais para admitir que talvez não tenha estacionado tão bem quanto imaginava.

O que interessa para mim é que a evidência é clara o suficiente para uma pessoa em estado mental racional ser capaz de vê-la.* Uma pessoa que está pensando com clareza seria capaz de olhar para isso e dizer para si mesma, pelo menos: "Ele devia ter estacionado longe de mim, mas o erro maior foi meu". Assim, por que ela não enxerga isso? Bem, é isso. Muitas vezes, quando as pessoas têm um ataque de raiva, não pensam mais com racionalidade. Os mesmos problemas de controle de impulso de que falamos no capítulo 6 como origem de

---

* Quero aproveitar para dizer que sei que vai haver outras interpretações desse vídeo. Como no exemplo do avião no capítulo 4, há "regras tácitas" sobre estacionamento. Não conheço todas essas regras, certamente, mas aposto que tem gente por aí que pensa que você nunca deve estacionar ao lado de alguém que acabou de estacionar, ou que, se você tem um carro grande, deve estacionar na ponta da fila quando for possível.

violência às vezes levam a ataques e comentários absurdos e irracionais, inclusive a declarações que, mais tarde, as pessoas percebem que não foram razoáveis e de que se arrependem.

Para mim, porém, o problema ao analisar esses vídeos é que raramente conheço o histórico. Mesmo nesse caso, em que acredito que é possível ver a maior parte da interação, aconteceram algumas coisas antes de o vídeo começar a ser gravado que, provavelmente, provocaram a raiva. Mesmo quando consigo ter uma ideia de por que estão discutindo ou o que causou a discórdia, quase nunca sei alguma coisa sobre as pessoas envolvidas nela. O que quero é uma noção de como elas são no dia a dia. Essa parte da reclamação é um padrão? Ou foi um evento isolado em que eles perderam a calma? Talvez tenham até se arrependido disso mais tarde? Não há como saber se estamos testemunhando uma pessoa habitualmente racional cuja raiva levou a um pensamento irracional, ou se é uma pessoa que se comporta e pensa desse jeito o tempo todo.*

Irracionalidade induzida pelo humor

Por muito tempo, fiquei realmente curioso em relação às bobagens que as pessoas, inclusive eu mesmo, dizem quando estão com muita raiva. Isso era algo que eu via em meu pai com bastante frequência, e cuja versão mais extrema testemunhei quando tinha dez anos. Eu estava sentado no banco de trás do carro dele. Ele dirigia, sua esposa

---

* Há muitos casos nos quais o agressor verbal foi identificado e conseguimos fazer uma entrevista de acompanhamento. Nesses casos, os resultados foram mistos. Chris Reichert, que foi gravado em um vídeo em 2010 berrando e jogando dinheiro em um homem com mal de Parkinson, desculpou-se alguns dias depois e disse ter "perdido a cabeça". Daniel Maples, que explodiu quando pediram para ele usar máscara em uma loja que as exigia por causa da pandemia de Covid-19, sugeriu que o vídeo não mostrava o "verdadeiro" ele, mas não pediu desculpas e disse que a história era maior do que se via no vídeo.

(meus pais se divorciaram quando eu era pequeno, e ele se casou novamente) estava no banco do passageiro, e estávamos saindo de um restaurante no centro de Mineápolis. Era noite de fim de semana, e o Minnesota Twins, o time profissional de beisebol, tinha acabado de jogar. Não fomos ao jogo, mas estávamos perto do estádio, por isso enfrentávamos o trânsito de carros e pedestres. Percebi que meu pai começava a ficar agitado* e isso me deixou incomodado. Ele começou a levantar a voz cada vez que alguém fazia alguma coisa de que não gostava. Começou a falar com os outros motoristas como se pudessem ouvi-lo: "Ah, não vai entrar na minha frente! De jeito nenhum! É minha vez!"

Paramos em um sinal vermelho com milhares de pedestres à nossa volta, literalmente. Quando a luz ficou verde para nós, ainda tinha gente atravessando na frente do carro, embora agora o semáforo estivesse fechado para eles. Meu pai abriu a janela e começou a gritar coisas como: "Sinal fechado" e "Sai da rua". A esposa dele olhou para mim e fez uma careta, como se dissesse: "Ah, não, ele está fazendo isso de novo". O temperamento dele era uma piada para muita gente, até para mim, apesar de não perceber, na época, o quanto isso me assustava. Tentei afundar no banco de trás, envergonhado e nervoso.

Embora a situação fosse um pouco engraçada, logo deixou de ter graça. Ele começou a acelerar e avançar devagar. Tenho certeza de que não estava tentando machucar ninguém. Só queria assinalar que era a vez dele passar e as pessoas deviam parar de atravessar a rua. Mas ele assustou um dos pedestres, e um homem que atravessava na nossa frente empurrou para longe do perigo a mulher que o acompanhava

---

* Acho interessante como ele ficou com raiva das pessoas no entorno. Entendo sua frustração (bloqueio de objetivo), mas se isso acontecesse comigo, ficaria mais furioso comigo do que com os outros. Por que decidi ir ao centro da cidade em uma noite de jogo?

e sentou-se na frente do carro do meu pai. Em vez de parar, meu pai começou a avançar mais depressa e dirigiu por mais de cinco metros com aquele estranho sentado no capô. A mulher que acompanhava o homem começou a gritar na janela aberta: "Seu filho da puta. Estou grávida!", e meu pai reagiu freando bruscamente, o que fez o homem escorregar de cima do capô, e gritou em resposta: "Se está grávida, não devia ficar no meio da rua".

Nesse ataque de frustração, ele gritou com as pessoas, avançou sobre elas com o carro, dirigiu com uma pessoa em cima do capô e disse a uma mulher grávida que ela não devia ficar no meio da rua. Eu estava horrorizado, certo de que testemunharia uma briga séria. Embora esse seja um exemplo exagerado, é esse tipo de coisa que acontece, às vezes. Uma pessoa normalmente inteligente diz e faz coisas irracionais quando está com raiva. Fica impaciente e fala alguma coisa ridícula. "Não tem goma de mascar para vender no aeroporto", ele me disse uma vez quando caminhávamos para o nosso portão de embarque para esperar um voo. Estava frustrado com a demora na verificação de segurança e não queria parar.[*] Em outra ocasião, ele só queria a sobremesa em um restaurante, e o garçom disse que só poderíamos ocupar uma mesa se fosse para uma refeição completa (havia uma longa fila de espera). Meu pai berrou para ele: "Já estivemos aqui antes e não comemos sobremesa, agora viemos só para comer essa sobremesa!".

Não é só por causa dele que tenho essa curiosidade. Converso rotineiramente com clientes que descrevem coisas que não acreditam ter dito quando estavam com muita raiva. Uma delas me contou que ficou com raiva uma noite e fugiu dos amigos com quem estava em um bar,

---

[*] Esse tipo de truque se tenta com uma criança pequena. "Que pena, parece que não tem mais sorvete." Mas eu era adolescente. Esse tipo de coisa não funciona com adolescentes. É claro que eu sabia que podia comprar goma de mascar no aeroporto.

depois telefonou para eles gritando que deviam ter ido atrás dela. Outra ameaçou processar um restaurante fast-food, porque seu sanduíche preferido tinha acabado. De modo semelhante, as pessoas deslocam a frustração que deveria ser dirigida provavelmente a elas mesmas para objetos inanimados. "Onde a porcaria da chave do carro se enfiou?", as pessoas perguntam, como se a chave fosse responsável por elas não saberem onde a colocaram. Existe até uma pesquisa que diz que pessoas que se identificam como ateias ficam com raiva de Deus quando sofrem perdas significantes.[40] Então, uma pergunta que faço há muito tempo é o que faz as pessoas, especialmente as que costumam ser sensatas, pensarem e dizerem coisas irracionais quando estão com raiva?

Infelizmente, a literatura de pesquisa sobre isso não é muito útil para mim. Buscas sobre "irracionalidade" e "pensamento irracional" são ligadas, sobretudo, a um tema diferente que já foi bem pesquisado: crenças irracionais. Mencionei crenças irracionais antes, no capítulo 4, quando discutia o papel da avaliação no porquê de ficarmos com raiva. Essas crenças são um elemento central de terapia racional emotiva comportamental (Trec), uma abordagem de terapia emocional desenvolvida por Albert Ellis. Essas crenças irracionais são, essencialmente, valores centrais que orientam nossa interpretação de acontecimentos no mundo ("É horrível quando sou maltratado. Se cometo um erro, sou um fracasso completo"). No momento, estou interessado em um tipo de irracionalidade muito diferente. Esse tipo de pensamento irracional causa raiva (algo acontece, nós enxergamos o acontecimento pela lente da nossa crença irracional e ficamos com raiva). O que me interessa é em quais coisas irracionais pensamos quando ficamos com raiva e que poderíamos ter pensado de outro jeito.

O estudo que eu esperava encontrar era um em que os participantes fossem enraivecidos por algum tipo de indução de humor, talvez um procedimento de visualização como usamos naqueles primeiros estudos. Você deixa os indivíduos com raiva, depois pede para eles descreverem seus pensamentos sobre a situação. Isso é chamado de "paradigma de pensamentos articulados em situações estimuladas", e permite que os pesquisadores tenham uma ideia dos pensamentos que as pessoas têm em situações particulares. Foi usado para explorar reações à violência entre casais, eficiência de abordagens terapêuticas e até reações a crimes de ódio. Mas recebeu pouca atenção em relação à raiva.

Dito isso, recentemente, em 2018, os drs. Erica Birkley e Christopher Eckhardt[41] usaram essa abordagem para estudar a regulação de emoção relacionada à violência entre casais. O estudo não é exatamente sobre o que tenho curiosidade (por exemplo, explorar o pensamento irracional que emerge quando estamos com raiva), mas é o mais próximo que consegui encontrar em uma pesquisa publicada. Eles pediram aos participantes para imaginar um de dois cenários, um em que ouvem o parceiro romântico flertando com alguém, e outro em que ouvem o parceiro tendo uma conversa emocionalmente neutra com alguém. A primeira alternativa foi exibida para induzir raiva e ciúme, e a segunda foi criada para ser neutra e, nesse caso, servir de controle. Os participantes foram orientados a "falar alto" durante intervalos predeterminados no cenário. Essas declarações foram gravadas e codificadas em uma de três categorias: agressão verbal, agressão física e beligerância (afirmações ameaçadoras ou "projetadas para provocar uma discussão").

Eles estavam interessados sobretudo no impacto que diferentes estratégias de regulação de emoção podem ter naqueles pensamentos articulados. Ensinava-se aos participantes a administrar suas emoções de maneiras particulares antes do estudo e solicitava-se para que usassem essas abordagens quando fossem provocados. Eles descobriram que aqueles participantes que foram instruídos em reavaliação cognitiva — reconsiderar os pensamentos que estão tendo — eram menos propensos a ter articulações agressivas quando enraivecidos. Em outras palavras, os participantes que foram orientados e incentivados a pensar sobre seus pensamentos e modificá-los quando ficavam com raiva eram menos propensos a articular afirmações violentas.

Esse estudo é importante por duas razões. Primeiro, demonstra o que pode ser um método valioso para compreender melhor os pensamentos, irracionais ou não, que as pessoas têm em momentos de raiva intensa. Não é perfeito — nenhum método de pesquisa é —, mas pode nos dar alguma compreensão. Segundo, mostra como reavaliação pode ser uma abordagem valiosa para minimizar aqueles pensamentos agressivos. Isso é algo de que vamos falar extensivamente mais adiante neste livro.

Dada a ausência de pesquisa sobre pensamento irracional *enquanto raivoso*, temos que imaginar em grande parte o que está acontecendo aqui. Há provavelmente duas coisas em ação. A primeira tem a ver com controle de impulso e nosso córtex pré-frontal. Como você já sabe desde o capítulo 3, o córtex pré-frontal é responsável por controle de impulso. Ele é a parte do cérebro que nos impede de fazer ou dizer coisas que podemos *querer* fazer ou dizer. Também é a parte do cérebro que cuida de planejamento, organização e tomada de decisão. Quando as pessoas sentem coisas, é essa parte do cérebro que decide o que fazemos com esses sentimentos. O que ainda não falamos, porém, é como essa parte do cérebro pode ser menos ativa em algumas pessoas quando elas estão com raiva. Não falta a elas parte da estrutura, como Phineas Gage depois da explosão, mas é como se não fizessem o trabalho de controle de impulso.

Repito: o estudo que eu gostaria de ler sobre isso ainda não existe. O ideal seria fazer uma RMf (ressonância magnética funcional) em alguém enquanto essa pessoa estivesse sendo provocada para ver como o córtex pré-frontal responde. Talvez pedíssemos para ela suprimir o desejo de atacar ou realizar esse desejo agredindo de algum jeito. Poderíamos então fazer comparações entre o que acontece no cérebro quando as pessoas suprimem ou expressam a raiva. Outra opção seria pedir para articularem seus pensamentos enquanto eram provocadas e procurar relações entre atividade cerebral e declarações particularmente irrazoáveis ou irracionais. Podemos descobrir que os indivíduos que articulam pensamentos especialmente irracionais têm menos atividade no córtex pré-frontal quando raivosos. Essas podem ser as pessoas que tentam convencer os filhos adolescentes de que não tem goma de mascar para vender no aeroporto.

Há um estudo recente que pode nos dar alguma informação sobre isso. Também em 2018, conduzido pelo dr. Gadi Gilam e sua equipe de pesquisa,[42] esse estudo explorou como as pessoas tomavam decisões momentâneas quando eram provocadas. Os participantes jogavam um "jogo de ultimato com injeção de raiva" no qual recebiam ofertas financeiras que vinham, supostamente, mas não de fato, de participantes anteriores. As ofertas eram boas, médias ou ruins, e eram acompanhadas por uma declaração do inexistente participante anterior. As declarações eram não hostis ("Vamos dividir igualmente"), moderadamente hostis ("Essa é a oferta, sem discussão") ou hostis ("Vai, fracassado!!!"). Embora aprendessem o jogo antecipadamente, os participantes jogavam em um scanner de RMf, para que os pesquisadores pudessem estudar a atividade no córtex pré-frontal enquanto eles recebiam as ofertas. Eles descobriram que a condição ruim-enraivecedora (receber uma oferta ruim enquanto era chamado de "fracassado") levava à atividade aumentada no córtex pré-frontal. Supostamente, o córtex pré-frontal tem que fazer um trabalho adicional para lidar com aquela raiva.

Esse estudo já é fascinante, mas tem outro elemento que o torna realmente extraordinário. Ao mesmo tempo que estão jogando, eles têm parte do cérebro estimulada por uma "fraca corrente elétrica" que, como sabemos por estudos discutidos no capítulo 3, podem influenciar a atividade cerebral. Eles descobriram que conseguiam influenciar a aceitação de ofertas ruins estimulando o córtex pré-frontal. De modo geral, estimular o córtex produz sentimentos diminuídos de raiva, que levam a um aumento na aceitação de ofertas ruins. Por que isso? Bem, isso atesta a natureza protetora da raiva. A raiva que sentimos quando somos maltratados nos impede de tomar decisões ruins. Quando se diminui a raiva, não há nada ali para nos proteger.

Isso parece contrariar a afirmação do capítulo, de que a raiva nos obriga a fazer e dizer coisas irracionais. Por que a raiva ajuda nesse caso? O que devemos pensar é que a raiva experimentada nesse estudo é relativamente menor. Os participantes foram chamados de "fracassados" e receberam uma oferta monetária ruim. Obviamente, isso não é muito bom e deveria causar raiva, mas não é como algumas provocações que as pessoas passam na vida, fora do laboratório.

O que aconteceria se pudéssemos fazer um estudo como esse, mas induzir raiva mais intensa?* Talvez descobríssemos que a capacidade do córtex pré-frontal de administrar decisões racionais é superada pela força da emoção. As pessoas começam a fazer e dizer coisas em que não acreditam** porque a parte do cérebro responsável por impedi-las foi minimizada.

Talvez tenha outro jeito de entender essa questão. Seria possível "desligar" o córtex pré-frontal de um cérebro em bom funcionamento,

---

*   Espero nem ter que dizer que não devemos fazer isso por razões éticas, mas caso eu tenha que dizer, estou dizendo: não devemos fazer isso por razões éticas.

**   Aqui se pode encontrar um buraco fundo. Em algum nível devemos "acreditar" nessas declarações irracionais, certo? Nós dissemos essas coisas. Podemos decidir mais tarde que não concordamos com elas, na verdade, mas não é como se tivessem saído do nada. Em última análise, saíram do nosso cérebro. Talvez uma parte diferente do cérebro, mas ainda do nosso cérebro.

induzir a raiva e ver como a pessoa responde? De fato, podemos, digamos assim, por meio de uma droga popular chamada... álcool, que tem efeitos bem conhecidos sobre o córtex pré-frontal. Tomada de decisões, memória de trabalho, planejamento e outras coisas sofrem o impacto do álcool. Assim, o que acontece quando cientistas embriagam as pessoas e induzem raiva? Essas pessoas ficam agressivas.

O dr. Eckhardt (o mesmo cientista mencionado anteriormente) respondeu a essa pergunta em 2008[43] distribuindo participantes em dois grupos: álcool ou placebo. Depois de consumir a bebida alcoólica que foi preparada para eles, os indivíduos participaram da tarefa "pensamentos articulados em situações simuladas" (semelhante à mencionada há pouco). Ouviam uma descrição gravada de uma situação enraivecedora e verbalizavam seus pensamentos em um microfone à medida que os tinham. Mais uma vez, seus pensamentos foram codificados como agressão verbal, agressão física e beligerância. Os pesquisadores descobriram que pessoas que tinham (a) pontuado alto em um questionário de agressividade e (b) foram designadas aleatoriamente a receber bebida alcoólica eram oito vezes mais propensas a fazer declarações agressivas quando provocadas do que qualquer outro grupo. Porém o mais interessante para esse tópico é que elas eram três vezes mais propensas a verbalizar pensamentos agressivos do que aquelas que pontuavam alto em um questionário de agressividade, mas não consumiam álcool.

O que isso nos diz? Bem, que diminuir o impacto do córtex pré-frontal realmente importa quando se trata de controle da raiva. Quando ele é minimizado, verbalizamos declarações agressivas que não faríamos de outra forma. O que isso não informa é se uma pessoa de outra maneira racional poderia ter o córtex pré-frontal superado só pela raiva a ponto de dizer e fazer coisas profundamente irracionais.

Racionalizar posições irracionais

No entanto, acho que há outra peça nesse quebra-cabeça, além da atividade de diferentes partes do cérebro. Suspeito que uma pessoa enraivecida sinta uma necessidade ainda maior de estar certa. Para atender a essa necessidade, ela se dispõe a fazer todo tipo de ginástica intelectual e dar todos os tipos de saltos cognitivos. Se dizer a alguém que merece que lhe sirvam a sobremesa naquela noite por todas as vezes que não comeram sobremesa no passado serve para ganhar a discussão em sua cabeça, essa pessoa vai em frente. Se atacar verbalmente a pessoa que ela acha que estacionou muito perto de seu carro e xingá-la de todos os nomes obscenos ajuda a ignorar que, na verdade, foi ela quem estacionou mal, é isso que faz.

Podemos pensar nisso como uma versão de dissonância cognitiva, um conceito descrito pelo dr. Leon Festinger em seu livro de 1957, *Teoria da dissonância cognitiva*. De modo geral, quando os comportamentos das pessoas são inconsistentes com suas crenças, elas ficam desconfortáveis (experimentam dissonância). Como Festinger descreve: "A existência de dissonância, estar psicologicamente desconfortável, motiva a pessoa a tentar reduzir a dissonância e alcançar alguma consonância".* Em outras palavras, a solução para essa dissonância é, muitas vezes, justificar o comportamento distorcendo os pensamentos e as crenças. Imagine, por exemplo, pessoas que afirmem que um de seus valores fundamentais é se importar com

---

* A segunda parte de sua hipótese é igualmente importante, mas menos relevante aqui: "Quando a dissonância está presente, além de tentar reduzi-la, a pessoa vai evitar ativamente situações e informações que provavelmente aumentariam a dissonância". Em outras palavras, as pessoas vão evitar informações que as deixam desconfortáveis, de modo que suas crenças nunca sejam desafiadas. Vemos isso acontecer globalmente com discussões políticas e as fontes de informação que eles buscam. No entanto, também vemos acontecer no nível interpessoal, com as conversas que as pessoas têm. Se perguntar a alguém como você faz essa pessoa se sentir deixa você desconfortável, é possível que simplesmente não pergunte.

o meio ambiente. No entanto, elas recebem uma informação nova ao descobrirem que criar gado é uma grande contribuição para a destruição ambiental.

Como consumidoras de carne, podem mudar seu comportamento e parar de comer carne, ou mudar seu sistema de crenças. Em vez de mudarem seu comportamento, as pessoas mudam seu sistema de crenças de alguma coisa como "É responsabilidade de todo mundo proteger o ambiente de todas as formas ao seu alcance" para "As pessoas deveriam tomar medidas razoáveis para proteger o ambiente". Essa mudança sutil de pensamento permite que elas se sintam confortáveis se preocupando com o ambiente, sem deixar de apreciar um filé de vez em quando.

Como isso se aplica aos pensamentos irracionais e comportamentos que as pessoas podem ter quando estão realmente furiosas? As pessoas ficam desconfortáveis quando sentem que cometeram um erro, sobretudo se têm um valor ou crença de que é importante estar sempre certo. Quando têm uma reação exagerada ou estão erradas, a teoria da dissonância cognitiva sugere que elas precisam ajustar o pensamento a fim de se sentirem mais confortáveis. Tal como as pessoas consumidoras de carne que imaginamos, elas modificam seus pensamentos para sentir que se comportaram razoavelmente, que a raiva foi justificada.

Voltando ao exemplo do ataque no estacionamento, a situação foi, em parte, causada pela agressora raivosa. Foi ela quem estacionou mal. Porém, em vez de reconhecer seu erro, o que poderia tê-la deixado vulnerável e aumentado os sentimentos de dissonância, ela externalizou seus pensamentos. Apontou como causa do problema o fato de ele dirigir um carro "muito grande", inventou razões para ele dirigir esse carro e ignorou as evidências em contrário (evitando informação que aumenta sentimentos de dissonância).

> **ATIVIDADE: A MAIOR RAIVA QUE VOCÊ JÁ SENTIU**
> Para esta atividade, quero que você pense na maior raiva que já sentiu. Depois, foque os pensamentos que teve — não os que o levaram à raiva, mas os que teve depois de ficar enraivecido.
> 1. Pense na maior raiva que já sentiu.
> 2. O que você pensou, disse e fez? Foi razoável? Você estava pensando com clareza?
> 3. Houve conflito entre seus valores centrais e o que você fez (isto é, houve dissonância cognitiva?)
> 4. O que isso revela sobre seus valores centrais?

Avaliar consequências

Obviamente, as pessoas podem enfrentar várias consequências como resultado da raiva. De problemas de saúde — mental e física — a relacionamentos prejudicados, a raiva pode interferir facilmente em nossa vida. Ela pode levar a interações violentas e outros tipos de comportamentos impulsivos que podem fazer mal a nós ou aos que nos cercam. Além disso, quando estamos com raiva, podemos nos envergonhar dizendo e fazendo coisas impensadas e irracionais.

Ao mesmo tempo, porém, é por meio desses problemas que podemos aprender a nos entender melhor. Uma avaliação da raiva nos relacionamentos pode revelar informações importantes em relação ao que valorizamos. As coisas irracionais que fazemos ou dizemos quando estamos furiosos podem nos falar sobre nossas crenças centrais. Só precisamos nos dispor a olhar para essas coisas de um jeito mais profundo. Vamos explorar isso e outras coisas na parte três.

PARTE TRÊS

RAIVA SAUDÁVEL

ENTENDER A RAIVA

10

Condições catastróficas

Quando eu tinha 26 anos, estava dirigindo a caminho da minha primeira apresentação em uma conferência profissional. Era a Convenção Anual da Associação Americana de Psicologia em Chicago, e eu apresentaria minha dissertação de mestrado. Era um acontecimento importante para mim, e estava empolgado e nervoso. Estava hospedado um pouco longe da cidade, na casa de meu irmão, portanto, tinha uma hora de viagem na manhã da minha apresentação. Não gosto de me atrasar para nada — ou de me sentir apressado —, assim, me levantei cedo e saí com o que pensava ser muita antecedência.

O que eu não sabia era que tinha chovido muito na cidade na noite anterior. Parte do centro de Chicago estava inundado, e algumas ruas foram fechadas. O trânsito estava horrível, e tudo indicava que o que teria sido uma viagem de uma hora levaria muito mais tempo. No início do trajeto ficou claro que, apesar de ter reservado duas horas para chegar lá, eu teria sorte se conseguisse chegar a tempo para o início da minha apresentação.

Comecei a ficar muito frustrado. Ficar com raiva por causa das condições meteorológicas é uma coisa particularmente interessante, porque não há um culpado óbvio. Não há responsável, nenhum vilão do qual sentir raiva.* Mas isso não me impediu de ficar agitado. Eu estava sozinho no carro, mas comecei a berrar de vez em quando com ninguém em particular; só gritava para o céu. Mais uma hora depois do início de uma viagem que acabou demorando duas horas e quinze minutos,** percebi que precisava me acalmar. Disse a mim mesmo: "Muito bem, Ryan, você está a caminho de uma apresentação para falar sobre por que as pessoas ficam com raiva. Use um pouco dessa psicologia em você agora".

Parei de externalizar coisas e comecei a pensar em como me sentia. Não só os pensamentos que tinha, mas o cenário todo. O trânsito (o precipitante), minha disposição prévia (estado pré-raiva) e os pensamentos que tinha (minha avaliação). Primeiro percebi uma coisa muito óbvia, que ninguém tinha culpa disso. A situação era resultado do tempo ruim, e mesmo que eu me sentisse como se os outros motoristas estivessem piorando as coisas, eles só estavam fazendo a mesma coisa que eu, tentando chegar ao destino. Provavelmente também tinham coisas importantes a fazer, algumas até mais importantes que minha apresentação.

Também percebi que o nervosismo que sentia com a conferência provocava minha raiva tanto quanto todo o resto. Se removêssemos

---

* Isso vale para algumas provocações relacionadas aos desastres naturais. Quando grandes eventos têm que ser cancelados por causa da chuva, ou uma nevasca provoca um acidente de carro, ou um vírus provoca uma crise de saúde internacional com amplas consequências de saúde física, saúde mental e econômicas, as pessoas ficam com raiva e nem sempre sabem de quem ou do quê.

** Para quem está fazendo as contas, isso me fez chegar quinze minutos atrasado para minha apresentação.

essa parte da equação, ainda seria frustrante ficar preso no trânsito por todo aquele tempo, mas não era tão ruim. Na verdade, de um ponto de vista de estado pré-raiva, havia muitas coisas trabalhando contra mim. Dormi mal na noite anterior porque estava nervoso. Não comi muito naquela manhã para não perder tempo. Estava de terno, uma roupa menos confortável que outras, pelo menos para mim. Cada um desses detalhes isolado é relativamente pequeno, mas juntos eles fazem a diferença. Eu estava cansado, com fome, ansioso e pouco à vontade fisicamente.

Mas o que achei mais revelador foi como eu avaliava a situação. Quando revemos aqueles cinco tipos de pensamentos (atribuição errada de causalidade, supergeneralização, exigência, catastrofização e rotulagem inflamatória), um deles se destaca. Eu estava catastrofizando. É claro, havia um pouco de cada na mistura. Percebi que estava com raiva dos outros motoristas (atribuição errada de causalidade) e os chamava de idiotas (rotulagem inflamatória). E me peguei dizendo coisas como "esse tipo de coisa sempre acontece comigo" (supergeneralização) e até me sentindo com mais direitos (exigência). Mas pior que todos esses pensamentos era o fato de eu ter decidido que isso ia arruinar minha carreira.

Ficava revendo as consequências de chegar atrasado à minha apresentação, e na minha cabeça elas eram desastrosas. Isso seria publicamente constrangedor. Eu ofenderia as pessoas com quem um dia poderia querer trabalhar. O dr. Jerry Deffenbacher, o pesquisador que mencionei no capítulo 2, estaria lá, e ficaria decepcionado comigo. Ele poderia contar ao meu orientador, e eu acabaria ouvindo críticas dele também. Pior ainda, e se não fosse só um atraso? E se eu perdesse o evento inteiro? Teria tido todo esse trabalho e viajado até Chicago para a apresentação só para perder a ocasião e me expor à vergonha.

Quando parei de catastrofizar e refleti de verdade nos pensamentos que estava tendo, obriguei-me a analisar os cenários mais prováveis e o que realmente significariam para minha carreira. Primeiro, eu não ia perder toda a apresentação. Chegaria atrasado, só isso. Seria embaraçoso para mim, mas as pessoas entenderiam, levando as condições climáticas em consideração. Meu orientador ficaria decepcionado comigo, mas entenderia (especialmente porque não costumo me atrasar para as coisas). E isso valia também para o encontro com o dr. Deffenbacher. Minha esperança era de que ele entendesse.* Quando parei e analisei cada pensamento que tinha, percebi que a maioria dos catastróficos não tinha probabilidade de acontecer. A situação estava longe do ideal, mas dificilmente seria desastrosa.

Essa é uma maneira de lidar com a raiva, entendendo melhor de onde ela vem. A importância de desenvolver essa compreensão foi explorada em um artigo de 2017 que destrincha o papel da inteligência emocional em relação às reações de raiva e agressão.[44] Garcia-Sancho e colegas aplicaram em mais de 650 participantes um teste sobre sua inteligência emocional. Ele media quanto esses participantes eram capazes de perceber, usar, administrar e compreender suas emoções. É importante notar que esse era um teste que media a capacidade de fazer todas essas coisas com respostas corretas e incorretas. Algumas pesquisas sobre inteligência emocional usam medidas autorrelatadas para itens como, em uma escala de um a cinco, quão fácil é outras pessoas confiarem em você? Esses indicadores não têm muito valor. Como todo mundo sabe, você pode

---

* Um comentário paralelo engraçado: quando cheguei à conferência e conheci o dr. Deffenbacher, me desculpei de maneira obsequiosa. Ele me interrompeu e disse: "Não tem importância. Eu também cheguei há poucos minutos".

pensar que é bom em alguma coisa e, na verdade, não ser muito bom nisso.*

O que descobriram foi que inteligência emocional, no geral, tinha uma correlação negativa com raiva, agressão física, verbal e passiva. Quanto mais emocionalmente inteligente, menor a probabilidade de você sentir raiva ou se tornar agressivo. De fato, os autores afirmam que "Essas descobertas sugerem que ter elevadas habilidades emocionais pode reduzir o risco de ser fisicamente agressivo e explicam por que nem todos os indivíduos com altos níveis de característica de raiva se envolvem frequentemente em agressão física". Em outras palavras, um dos motivos para as pessoas raivosas não serem sempre agressivas é que elas também são capazes de entender, administrar e usar a raiva de maneiras saudáveis.

Em última análise, tudo remonta ao modelo que discutimos no capítulo 2. Ser capaz de avaliar honestamente os três elementos (precipitante, estado pré-raiva e avaliação) pode ajudar você a ter uma vida emocional mais saudável.

Deveríamos estar com raiva?

Primeiro, avaliar por que estamos com raiva pode nos ajudar a responder a uma questão realmente importante: deveríamos estar com raiva? Quero deixar claro desde o início que a pergunta "Deveríamos estar com raiva?" é um julgamento, obviamente. Não há fórmula que possamos usar para determinar se "deveríamos" estar com raiva em uma determinada situação. Há, porém, uma série de perguntas que podemos fazer a nós mesmos para nos ajudar a deter-

---

* Para fins de comparação, imagine que tentamos medir a inteligência geral desse jeito. Em vez de fazer uma pergunta específica como "Qual é a capital do México?", com perguntas corretas e incorretas, perguntamos: "Em uma escala de um a cinco, quanto você conhece da geografia do México?".

minar se: (a) se deveríamos estar bravos e (b) o quanto deveríamos estar bravos. Elas são:

1. Fui maltratado, tratado injustamente ou destratado de outra maneira?
2. Alguém ou algo está bloqueando meus objetivos?
3. O que posso ter feito para contribuir com isso?

Vamos ver cada uma dessas questões e falar a respeito de como respondê-las. Primeiro, e talvez a mais fácil, você foi maltratado ou destratado? Creio que essa é a mais fácil, porque a resposta provavelmente é *sim*. Lembre-se da discussão sobre evolução no capítulo 3: o motivo para a raiva existir é nos alertar para o fato de termos sido maltratados ou tratados injustamente. É possível que esses sentimentos raivosos sejam a maneira de o cérebro avisar que alguém está tratando você mal. Mesmo assim, faça a si mesmo essa pergunta de uma perspectiva o mais livre possível de viés.

No exemplo que dei sobre o trânsito em Chicago, eu não fui maltratado ou tratado injustamente. Embora tenha me atingido como algo pessoal por ser um dia muito importante para mim, na verdade eu enfrentava as mesmas circunstâncias que todo mundo em Chicago. Então, a resposta para a primeira pergunta dessa vez foi um *não*. Dito isso, a resposta para a segunda pergunta, se alguém estava bloqueando meus objetivos, foi um inequívoco *sim*. Eu tinha um objetivo muito claro e simples: chegar àquele evento na hora planejada, e o clima interferia na realização desse objetivo. O que faz dessa uma questão muito importante, porém, é que ela ajuda as pessoas a pensarem sobre possíveis soluções. Se você sabe que seus objetivos estão bloqueados e que por isso está com raiva, uma consequência normal é começar a pensar sobre o que fazer em relação a isso.

Agora chegamos à pergunta mais difícil, porque ela requer um nível de autorreflexão e honestidade que é difícil para muita gente — e pode ser quase impossível para as pessoas *quando* estão com raiva. Quando você se pergunta "O que posso ter feito para contribuir para isso?", está perguntando "É possível que eu tenha começado isso, fiz alguma coisa intencional ou não para provocar isso, e eles estão certos por me tratar desse jeito?". Não tem nada de divertido em fazer essas perguntas a si mesmo, porque elas requerem uma admissão de culpa e os correspondentes sentimentos de culpa. Também incluem um sentimento de vulnerabilidade que, já reconhecemos nos capítulos anteriores, é difícil admitir e sentir em um momento de raiva.

Dito isso, é provável que essa seja a mais importante dessas três perguntas. Como foi dito no capítulo 7, raiva é uma emoção social. Normalmente a sentimos em um contexto de interação com outro ser humano, e temos que reconhecer que levamos alguma coisa para essas interações. Precisamos considerar como alguma coisa que dissemos ou fizemos pode ter influenciado a situação. Às vezes isso é óbvio. Sem querer, dissemos alguma coisa que magoou as pessoas, e elas reagiram nos tratando igualmente mal. Muitas vezes, porém, é menos evidente. Talvez tenhamos magoado as pessoas sem querer. Talvez a maneira como tratamos a situação as incomodou desde o início.

Imagine, por exemplo, que você tem uma reunião de trabalho que o está deixando apavorado. Você teve experiências ruins com essa pessoa no passado, e espera que essa seja mais uma dessas experiências. À medida que se aproxima a hora da reunião, se pega imaginando todas as coisas que essa pessoa provavelmente vai dizer a você, e se descobre cada vez mais agitado. Quando a reunião acontece, você chegou a um ponto em que espera o pior e se apresenta com uma predisposição para hostilidade e frustração. Embora não verbalize essa frustração diretamente, você a apresenta nas expressões faciais, no tom, na postura e na atitude geral. Essa agitação visível vai influenciar como a outra pessoa interage com você e pode provocar alguma agitação nela, o que não teria acontecido de outra forma.

Esse jeito como a pessoa às vezes provoca "sem querer reações previsíveis de outros indivíduos em seu ambiente social" é o que o psicólogo social dr. David Buss chama de "evocação".[45] De modo geral, pessoas competitivas tendem a provocar competitividade nos outros. Pessoas irritadas provocam irritabilidade em outras pessoas. Elas abordam os outros esperando que sejam grosseiros com elas, por isso são grosseiras primeiro e, sem ter essa intenção, provocam grosseria em resposta.

Um conceito relacionado extraído da literatura e que é mais específico para a raiva é o que o dr. Jerry Deffenbacher chamou de *superestimação* e *subestimação*. Ele escreve que "indivíduos raivosos tendem a superestimar a probabilidade de eventos negativos".[46] Tentamos escrever itens dessa tendência para estimar mal as probabilidades quando escrevemos a Angry Cognitions Scale. Acontece, porém, que esses tipos de pensamentos são tão contextuais — tão específicos da situação — que foi quase impossível escrever itens significativos para capturá-los.

O que sabemos é que, quando estamos prestes a desenvolver uma atividade que antecipamos que será desagradável, superestimamos a probabilidade de ela ser ruim. Você vai viajar, mas em vez de ficar empolgado, passa a manhã vislumbrando longas filas no aeroporto e atrasos nos voos. Quando chega lá, tem tanta certeza de que vai ser frustrante, que ficou com raiva. Mesmo que tudo corra relativamente bem, duas coisas aconteceram. Primeiro, você se enraiveceu de qualquer jeito. Segundo, quando coisas relativamente pequenas dão errado, você as interpreta pelas lentes de "Viu, eu sabia que ia dar errado", e fica com mais raiva do que ficaria por uma coisa relativamente pequena.

Tudo isso é para sugerir que há ocasiões em que desempenhamos um papel não intencional em como as pessoas nos tratam. À medida que tentamos entender nossa raiva, precisamos ser honestos sobre essa peça do quebra-cabeça.

O que minha raiva me diz sobre a situação?

Como você agora já sabe, a raiva surge dessa interação entre um precipitante, nosso humor no momento do precipitante (o estado pré-raiva) e nossa interpretação ou avaliação. Você pode diagramar praticamente todo episódio de raiva usando esse modelo. Os diagramas são muito úteis para entender melhor a situação específica em que você está e por que sente o que está sentindo. Foi o que fiz quando me atrasei no trânsito a caminho daquela conferência. Pensei em cada elemento do modelo e avaliei o que estava acontecendo do modo mais honesto e sem viés que pude.

Quando fazemos esse tipo de avaliação, ela nos ajuda a administrar a raiva de um jeito diferente (que discutiremos de maneira mais abrangente no próximo capítulo), mas também nos ajuda a entender a situação em que estamos, as pessoas com as quais interagimos e o desfecho que esperamos. Ao avaliar por que sentimos o que estamos sentindo, saímos da situação com uma compreensão melhor do que está acontecendo e o que queremos dela.

Isso também remove o ônus da responsabilidade do instigador ou da provocação e permite que você considere o panorama maior, inclusive seu próprio papel. Aparentemente, pode parecer que isso tornaria as coisas piores. Pode-se pensar: "Então, ao entender melhor o incidente, posso ver como sou parcialmente responsável. Isso não vai me fazer sentir culpa ou tristeza?". Embora eu perceba como esses sentimentos podem emergir,* pode ser realmente fortalecedor reconhecer o papel que você desempenha em situações enraivecedoras, porque essa é a parte da situação que você pode mudar.

Vamos rever um exemplo do capítulo 2, a mulher que sempre ficava frustrada com a fila de desembarque na porta da escola dos filhos. Só para lembrar, ela emitia opiniões fortes sobre como os pais *deveriam* agir na fila de desembarque quando levavam os filhos para a escola. Essas eram, de modo geral, regras não escritas que ela seguia, em vez de um código prescrito pela escola. Ela as tratava como "senso comum", mas era evidente que os outros não viam essas regras do mesmo jeito. Ao avaliar esse evento enraivecedor usando o modelo de Deffenbacher, você pode ver como a provocação permanece a mesma, de maneira geral, mas os outros elementos mudam. Parte de sua raiva emergia do estado pré-raiva — estava sem tempo a caminho do trabalho. Parte dela emergia das avaliações que ela fazia de como as outras pessoas deveriam agir (e ela consegue reconhecer que está adotando um padrão de comportamento diferente do delas). Parte de sua raiva também emergiu de uma tendência para catastrofizar o resultado dessa demora no momento.

Pedi para ela calcular quanto o comportamento dos outros pais a atrasava em uma manhã típica. Sua resposta: menos de cinco minutos na maioria dos dias. Frustrante, é claro, mas longe de ser um problema catastrófico. Ela conseguia ver quanto isso era pouco importante assim que se afastava da situação e não estava no momento enraivecedor. No fim, avaliar o evento dessa maneira significou transferir o foco de sua energia e seus pensamentos de "Outras pessoas estão se comportando mal" para "Essa situação é

---

* Sentimentos de culpa também são úteis. Da mesma forma que a raiva nos alerta para o fato de termos sido maltratados, a culpa nos avisa que maltratamos alguém.

frustrante, mas não catastrófica". Uma mudança como essa pode parecer pequena, mas não é. A primeira avaliação é inútil — não podemos mudar o comportamento dos outros. A segunda avaliação oferece motivos para ser otimista.

O que a minha raiva diz sobre mim?

Avaliar as situações enraivecedoras desse jeito pode revelar muito sobre as circunstâncias em que estamos e o que podemos fazer para mudá-las. Porém, quando vamos mais fundo nesses três elementos, percebemos que há muito mais aí. Os padrões que podemos ver em várias situações revelam muito sobre quem somos na essência. A raiva está nos dizendo alguma coisa, não só sobre a situação específica, mas sobre nós mesmos, e com o que nos importamos.

Vamos começar com a parte mais fácil de avaliar: o estado pré-raiva. É importante que as pessoas procurem tendências nos relacionamentos entre a raiva e outros estados de sentimento (como fadiga, fome, estresse). Quando você pensa nas últimas vezes que sentiu raiva, e pensa em seu estado pré-raiva, existem condições ou humores específicos que se destacam como comuns? Talvez você reconheça uma propensão a perder a cabeça quando está sob tensão ou ansioso. Talvez reconheça que fica com mais raiva quando está cansado. Identificar esses elementos do que desencadeia sua raiva é útil de duas maneiras. Primeiro, oferece uma solução para impedir a raiva indesejada. Vamos falar mais sobre isso no próximo capítulo, mas se você perceber que fica com raiva quando está com fome, tente não se deixar ficar tão faminto. Segundo, mesmo quando não consegue impedir esses estados desencadeadores, prestar atenção a eles no momento pode ajudar a lidar com a raiva indesejada. Em outras palavras, dizer para você mesmo "Isso tudo parece pior porque estou cansado" pode ajudar muito a lidar com a raiva.

Parte disso pode parecer óbvio; é claro que estar com fome ou cansado nos torna mais propensos à raiva. É claro que faz com que aquelas provocações reais pareçam ainda piores. Mas nem todo mundo se dá conta disso, e nem todo mundo percebe isso no momento. Vejamos, por exemplo, o estudo clássico de 1983 dos drs. Norbert Schwarz e Gerald Clore,[47] em que perguntaram a 93 participantes por telefone "Quanto você está satisfeito ou insatisfeito com sua vida de maneira geral atualmente?", e os participantes responderam em uma escala de um a dez, sendo dez o mais satisfeito.

Os pesquisadores registraram o clima nos lugares para onde telefonaram, e descobriram que as pessoas relatavam menor nível de satisfação com a vida quando estava chovendo. Isso pode não ser surpreendente (afinal de contas, o clima influencia o humor), mas lembre-se de que a pergunta não é como eles se sentiam naquele momento, mas qual era seu nível de satisfação com a vida de maneira geral. Isso é diferente, e o clima no momento não deveria influenciar o quanto estamos satisfeitos com a vida de maneira geral.

As condições climáticas do momento, embora sejam muito relevantes para o meu humor atual, deveriam ser irrelevantes para o meu nível de satisfação com a vida de maneira geral. O que parecia estar acontecendo era que o tempo influenciava o humor no momento, e o humor no momento influenciava a satisfação com a vida de maneira geral.

Mas aqui vai a parte especialmente interessante. Quando o pesquisador chamou atenção para o tempo em um segundo grupo de participantes ao perguntar: "Aliás, como está o tempo aí?", o efeito desapareceu. As pessoas não relatavam mais um nível inferior de satisfação com a vida. Quando prestavam atenção à coisa irrelevante, não deixavam mais que ela exercesse a mesma influência. Embora esse estudo seja sobre um tema diferente de fome ou privação de sono e raiva, eu diria que aqui acontece a mesma coisa. Se reconhecemos a coisa irrelevante que está influenciando nosso humor, sua influência sobre nós vai diminuir.

Saindo do estado de pré-raiva e me dirigindo a estímulo e avaliação, escrevi no capítulo 2 sobre algumas situações diferentes que muitas vezes levam à raiva: injustiça, maus-tratos e bloqueio de objetivo. Embora tudo possa ser um precipitante, inclusive lembranças e até acontecimentos imaginados, indivíduos muitas vezes têm situações, pessoas e ações específicas que tendem a enraivecê-los mais. Podemos aprender muito sobre nós mesmos perguntando por que coisas específicas nos enraivecem. O que influencia na maneira como *nós* avaliamos essa pessoa, situação ou esse comportamento que leva à raiva?

Por exemplo, imagine que você seja propenso a sentir raiva com atrasos de outras pessoas. Reconhece esse padrão recorrente em si mesmo, e o próximo passo é se perguntar "por que" essa é uma provocação para você. Por que sua interpretação desse comportamento nos outros provoca sua raiva? Quando fiz essa pergunta às pessoas — por que se incomodavam com atrasos — as respostas foram:

- É desrespeitoso;
- É como se pensassem que seu tempo é mais importante que o meu;
- Sou ocupado, e não gosto de esperar as pessoas quando poderia estar fazendo coisas;
- Tenho que chegar na hora, por que eles não têm?

Para constar, acho que todas essas interpretações são bem razoáveis. Podem ser incompletas na medida em que problemas de pontualidade são muitas vezes motivados por déficits organizacionais e de planejamento tanto quanto por qualquer outra coisa, mas ainda parecem ser interpretações muito razoáveis. No entanto, há duas questões muito diferentes por trás dessas avaliações, e cada uma delas diz algo diferente a respeito do que é importante para o avaliador.

Parte disso remete a sentimentos de ser tratado de maneira injusta ou desdenhosa. Quando alguém diz "É desrespeitoso" ou "Eles acham que seu tempo é mais importante que o meu" ou "Tenho que chegar na hora, por que eles não têm?", o que está verbalizando é que se sente tratado de modo injusto ou diminuído de algum jeito. Essa interpretação remete às questões de ego e estima.

Por outro lado, quando alguém diz "Sou ocupado, e não gosto de ficar esperando as pessoas", está verbalizando uma questão bastante diferente. Essa é uma questão de ter seus objetivos bloqueados. Essas pessoas querem realizar coisas, e o indivíduo que se atrasa interfere em sua capacidade de fazer essas coisas. Mesmo cenário anterior, mesmo comportamento da outra pessoa, mesma emoção, mas uma avaliação diferente que é orientada por um valor central diferente.

Isso é importante porque estilos particulares de personalidade têm relação com a experiência e a manifestação da raiva. Falamos sobre um deles antes — a personalidade Tipo A — quando discutimos as consequências da raiva para a saúde física. Mas há muitos outros, e o melhor lugar para começar essa discussão é nas "Cinco Grandes". Se você não conhece as Cinco Grandes características de personalidade, elas foram identificadas pelos drs. Paul Costa e Robert McCrae: abertura à experiências, conscienciosidade, extroversão, agradabilidade e neuroticismo.*

---

* É possível se lembrar usando os acrônimos OCEAN ou CANOE. Como não sou muito bom em soletrar, tenho que usar frequentemente as Cinco Grandes características de personalidade como artifício mnemônico para lembrar como soletrar "canoe".

Pesquisas sobre as Cinco Grandes encontraram consistentes relações entre neuroticismo, agradabilidade, extroversão e raiva. No estudo de 2017 mencionado anteriormente, por exemplo, Garcia-Sancho e colegas também incluíram um questionário de personalidade e descobriram que neuroticismo e agradabilidade eram altamente relacionados à raiva.

No caso de agradabilidade, a correlação com a raiva é negativa, então, se você não é agradável, está propenso a sentir raiva crônica. Alguns anos antes, em 2015, os especialistas Christopher Pease e Gary Lewis exploraram essa relação e conseguiram encontrar um padrão semelhante.

O que você pode fazer quando avalia essas situações é pensar sobre o que sua reação de raiva pode dizer sobre sua personalidade. Por exemplo, sua reação refletiu uma tendência para ser melancólico, nervoso ou se preocupar (neuroticismo)? Refletiu uma indisponibilidade para ser gentil, simpático ou útil (agradabilidade)? No exemplo anterior, uma dessas interpretações — "Sou ocupado, e não gosto de esperar" — pode refletir mais um estilo de personalidade Tipo A, enquanto as outras provavelmente refletem mais uma ausência de agradabilidade.

Para dar mais um exemplo, imagine que você está olhando sua rede social favorita e vê alguém postando opiniões políticas que são muito diferentes das que você possui. Essa é uma fonte comum de raiva para as pessoas, mas poucas param para pensar no porquê sentem raiva disso.

Todos sabemos que há muita gente com opiniões políticas diferentes das nossas, assim, por que testemunhá-la nos deixa com tanta raiva? Para alguns, trata-se de uma questão de bloqueio de objetivos. Eles querem viver em um tipo específico de comunidade cercados por pessoas que se importam com as coisas da forma como eles se importam. Dessa forma, quando encontram alguém que pensa diferente, interpretam esse comportamento como se fosse uma barreira para seu objetivo. Podem pensar: "Nunca vamos progredir nisso [no assunto em questão] caso continuem existindo pessoas assim", e ficam com raiva.

No entanto, uma vez falei com uma amiga sobre esse assunto, e ela me disse algo diferente: "Isso me faz pensar que eles acham que sou burra".

"Por quê?", perguntei.

"Porque eu acho que eles são burros", ela riu.

Mas depois ela explicou que acha que as questões costumam ser muito óbvias, e não consegue entender como eles não enxergam isso. Ela falou que acaba se sentindo bastante magoada, porque as pessoas não dão valor à sua opinião ou então ao seu ponto de vista. Quando oferece o que pensa ser um bom argumento e eles não mudam de ideia, ela sente que essas pessoas devem pensar que ela é burra. Quer que eles entendam sua posição e por qual motivo ela pensa dessa maneira.

Em última análise, ela quer ganhar aquela discussão e, com isso, trazer essas pessoas para o lado dela. Quando isso não acontece, ela se sente magoada e fica com raiva. "Eu estou certa", ela disse, "e me mata que eles não vejam isso". Para ela, é parcialmente uma questão de bloqueio de objetivo, porém, é ainda mais uma questão de autovalorização.

Nesses dois exemplos, não há nada de inerentemente errado na resposta de raiva. Raiva pode ser uma resposta completamente razoável a essas provocações. O mais interessante aqui é examinar de onde vem a raiva nessas situações. Quando desenvolve uma noção melhor daqueles padrões de pensamentos, começa a entender melhor você mesmo e o que considera importante.

ATIVIDADE: INDO AO FUNDO DE CRENÇAS CENTRAIS

Aqui vai um processo de quatro etapas para entender os valores e as crenças essenciais que você tem e que orientam a sua raiva.

1. Identifique diferentes situações nas quais tende a ficar com raiva. Inclusive, pode ser útil encontrar alguns exemplos específicos de ocasiões em que ficou com raiva, e depois se perguntar se tem um padrão ou uma tendência aí. Por exemplo: "Fiquei com raiva, porque meus filhos estavam brigando, em vez de brincar cada um em seu quarto, como mandei".* Então, perguntaria se esse é um padrão consistente.**

2. Identifique as avaliações ou interpretações que são mais relevantes nessas situações. Pode ser útil começar com os cinco tipos de avaliação discutidos ao longo do livro: avaliação catastrófica, rotulagem inflamatória, exigência, atribuição errada de causalidade e supergeneralização. No entanto, pode haver outras também.

3. Tente ir bem fundo e se perguntar o que essa tendência de avaliação diz sobre você e sua personalidade. Por exemplo, se você descobre que tende a catastrofizar, isso reflete uma personalidade mais pessimista ou neurótica? Se você se vê rotulando as pessoas de maneira negativa frequentemente, isso reflete uma atitude mais geral de desprezo?

4. Faça um plano, daqui em diante, para considerar isso quando diagramar incidentes de raiva no futuro. Prepare-se para perguntar a si mesmo: "Minha tendência para ser pessimista está orientando essa raiva agora?" ou "É o resultado da minha tendência para ter a mente fechada?".

* Isso realmente acabou de acontecer.
** Sim, é.

Uma peça de um grande quebra-cabeça

É claro, entender nossa raiva e nós mesmos como parte importante do processo é só uma peça do grande quebra-cabeça. Para ter uma relação saudável com nossa raiva, precisamos saber como administrá-la. Temos que implantar práticas pessoais (hábitos, comportamentos, pensamentos) que nos permitam lidar com a raiva de imediato e a longo prazo.

ADMINISTRAR A RAIVA 11

Propaganda institucional

Quando eu era criança, havia uma propaganda do governo nos intervalos dos desenhos animados aos domingos que era mais ou menos assim: "Quando sentir que está ficando tenso, pare... dois... três... respire... dois... três. Pense em seu jeito de sentir". Pode parecer muito óbvio, mas deve ter funcionado, porque estou aqui 35 anos mais tarde, e ainda me lembro disso. Mencionei essa propaganda porque é assim que a administração da raiva parece ser para a maioria das pessoas. Quando sentir que está ficando com raiva, tente se manter no controle e encontrar seu jeito de sair dela por meio da respiração profunda. Não tem nada de errado nisso, exceto por ser algo incompleto. Administração da raiva inclui respirar fundo quando está com raiva, mas também pode incluir muito mais que isso.

No capítulo 2, falamos sobre diagramar os incidentes de raiva para entender melhor nossa raiva e nós mesmos. No entanto, há outro motivo para adotar essa prática: quando sabemos por que ficamos enraivecidos, podemos interferir em qualquer lugar nesse modelo para lidar com a raiva de maneira mais eficiente. Isso pode incluir relaxar por meio de respiração profunda ou de visualização, mas também pode incluir várias outras práticas. Algumas delas incluem coisas que você pode fazer no momento, mas algumas são maneiras de reestruturar suas atividades diárias no cenário maior para sentir menos raiva indesejada.

Imagine a situação

Vamos imaginar a seguinte situação hipotética. Você está dirigindo a caminho do trabalho e tem um grande dia pela frente. Tem algumas reuniões importantes, e para algumas vai precisar de um tempo adicional para se preparar quando chegar no escritório. Queria chegar um pouco mais cedo, assim, não tomou café da manhã. O trânsito parece estar um pouco mais intenso que o normal, e você está começando a ficar agitado. Também começa a sentir que para em mais faróis fechados que de costume, e o trajeto está demorando mais do que esperava. Você começa a ficar ainda mais frustrado, porque tentou fazer todas as coisas certas. Sabia que teria um grande dia, por isso saiu cedo para adiantar algumas coisas, e agora vai chegar na mesma hora que chegaria se tivesse saído no horário de sempre. "Eu podia ter tomado café", pensa. "Mas estou morrendo de fome e vou atrasar meu trabalho."

Quando chega mais perto do escritório, você fica atrás de outro carro cujo motorista evidentemente não sabe para onde vai. Ele dirige devagar, e reduz ainda mais a velocidade cada vez que se aproxima de uma esquina, provavelmente para ver a placa com o nome da rua e decidir se é ali que tem que virar. "O que esse idiota está fazendo?", você pergunta. Não há uma maneira de ultrapassá-lo com segurança, então você se sente preso atrás dele. Você pisca o farol alto e buzina para informar que ele está atrapalhando, mas não sabe nem se o motorista percebeu. Agora você não vai mais chegar no horário de sempre, vai chegar atrasado. Você fica irado quando pensa no trabalho. "Hoje o dia vai ser horrível", diz para si mesmo. "Tenho um monte de coisas para fazer e não vou conseguir fazer nada. Meu Deus, por que essas coisas sempre acontecem comigo?"

Diagramar o incidente

Agora, vamos percorrer cada parte desse incidente com o modelo que temos usado, começando pelo precipitante: ser atrasado a caminho do trabalho. Esse é um exemplo clássico de bloqueio de objetivo. Você tem um objetivo específico em mente, ir trabalhar um pouco mais cedo, e alguém atrapalha. Não é só uma coisa ou pessoa que bloqueia seu objetivo, mas uma combinação de fatores (trânsito, faróis fechados, outro motorista). É claro, isso está acontecendo dentro do contexto de dois diferentes estados de sentimento provocadores de raiva (estados pré-raiva): fome e estresse. Tem um grande dia pela frente e está nervoso com isso, e deixou de tomar café para ter mais tempo para se preparar — o que parece ter sido um tiro pela culatra.

Com relação à avaliação, podemos identificar aqui alguns tipos de pensamento, inclusive catastrofização ("Hoje vai ser um dia horrível"), rotulagem inflamatória ("O que esse idiota está fazendo?") e supergeneralização ("Por que essas coisas *sempre* acontecem comigo?"). Também é possível ver ali algumas presunções sobre como vai ser o dia ("Vou atrasar meu trabalho" e "Tenho um monte de coisas para fazer e não vou conseguir fazer nada"). Essas predições podem acabar sendo precisas, mas podem não ser, e você vai ficar com raiva em resposta a essas previsões antes de elas se confirmarem. Somadas todas as coisas, embora essa situação pudesse ser frustrante para qualquer um, independentemente de estado pré-raiva ou avaliação, há interpretações sutis nesse caso que ampliam muito essa raiva.

Administrar estados pré-raiva

Falei disso nos capítulos anteriores, mas existem maneiras de administrar nossos estados pré-raiva para ajudar a minimizar raiva indesejada. Se pensarmos em alguns estados que provavelmente mais exacerbam a raiva, encontramos uma lista assim:

1. Estressado ou preocupado;
2. Atrasado;
3. Com fome;
4. Com sono;
5. Fisicamente desconfortável.

Embora de vez em quando seja difícil, não é impossível mitigar esses diferentes estados. Nem todo mundo tem esse privilégio, mas algumas pessoas podem evitar ficar com fome ou se atrasar. Podemos tomar medidas para lidar com um estresse ou uma ansiedade que pode nos tornar propensos à raiva. É possível tomar medidas para melhorar o sono, de modo a evitar mau humor por fadiga.

No exemplo discutido há pouco, imagine como a situação poderia ter sido diferente se você tivesse adotado uma outra abordagem para aquele dia. Sabendo que teria um dia atribulado pela frente, teria ido para a cama mais cedo, acordado mais cedo e tomado um café da manhã saudável. Poderia estar lidando com a mesma situação (o mesmo precipitante), mas seu humor nela teria sido diferente se estivesse alimentado e descansado. Perceba que ter tomado um café da manhã reforçado teria promovido uma mudança sutil também em sua avaliação. Em vez de "estou morrendo de fome e vou atrasar meu trabalho", seria apenas "vou atrasar meu trabalho". Pode parecer pouco, mas se pensarmos na raiva como resultado de um punhado de pequenas coisas se somando, remover algumas dessas coisinhas vai ajudar.

Administrar provocações

Um amigo meu costumava ler e responder comentários no fim de matérias e notícias on-line de seu jornal local. Às vezes, ele passava horas discutindo política com desconhecidos, passando raiva. Mais tarde, telefonava para mim e desabafava sobre coisas que as pessoas escreveram para ele ou respostas que deram nas postagens. Ele ficava todo agitado novamente enquanto falava comigo sobre isso. Em um dado momento, perguntei a ele: "Por que lê essas coisas se fica tão furioso por causa delas?".

Ele riu e disse: "Não sei. Na verdade, digo a mim mesmo que estou tentando mudar a opinião das pessoas, mas sei que isso não funciona".

Para ser claro, não estou sugerindo que ele ou qualquer pessoa sempre deva evitar conversas que provocam raiva ou outro tipo de desconforto. Longe disso. Esse exemplo é apenas para ilustrar que fazemos escolhas sobre com quem interagimos e como interagimos com essas pessoas. Essas escolhas influenciam os sentimentos que temos. De alguma forma, podemos escolher que provocações enfrentamos. Se ler comentários políticos de desconhecidos nos deixa com raiva e não queremos sentir raiva, podemos escolher não ler.

Se comparamos com outro estado de sentimento, como medo, fica muito mais fácil perceber como é estranho nos expormos voluntariamente a coisas que nos enraivecem. Há cerca de dez anos decidi que, embora gostasse de filmes de terror no momento em que os estava vendo, não gostava de como me sentia depois de vê-los. Tive muitas noites de insônia depois de assistir a filmes de terror e decidi que isso não me fazia bem. Portanto, parei de ver a maioria desses filmes. A ressalva aqui é que, se um filme de terror é lançado e a crítica é muito boa, ou o filme é realmente importante (como *Corra!* ou então *O homem invisível*), faço questão de ver. Decidi que, em alguns casos, vale a pena ficar com medo para ver um filme muito importante e bem-feito.

Em seu artigo de 2022 sobre regulação de emoção,[48] o dr. James Gross descreveu isso como "seleção de situação". Seleção de situação é "aproximar-se de ou evitar pessoas, lugares ou coisas a fim de regular emoção". Ele usa o exemplo de escolher ir à casa de um amigo em vez de estudar na noite anterior a uma prova importante. A pessoa está selecionando uma atividade que a faz feliz, em vez de outra que a deixa ansiosa. No caso da raiva, imagine que você tem um colega que o irrita. Essa pessoa diz e faz coisas que provocam sua raiva. Pois bem, essa pessoa vai dar uma festa para os colegas de trabalho, e você foi convidado. Pode decidir se vai ou não a essa festa. Se você a identifica como uma possível provocação, pode escolher se vai ou não participar.

Mas e se a festa for um evento do qual você tem que participar? E se não comparecer pudesse prejudicar sua carreira, ou se sua ausência fosse um pouco óbvia demais para seu chefe ou outros colegas? Você também pode modificar como interage com situações como essa (o que Gross chamou de "modificação de situação"). Pode levar um amigo ou parceiro ao evento para servir de amortecedor entre você e o colega irritante. Pode contar a um colega de confiança como está se sentindo e pedir que o "socorra", caso esteja conversando com o colega irritante sem mais ninguém por perto.

No exemplo anterior, no qual você se atrasa para o trabalho em um dia importante, é um pouco mais difícil identificar como poderia ter evitado esse gatilho. Algumas provocações apenas aparecem e costumam ser inevitáveis. No entanto, mesmo naquelas situações relativamente inesperadas como trânsito, podemos achar maneiras de evitar esses gatilhos. Uma cliente minha reorganizou sua agenda de trabalho para ficar no escritório até um pouco mais tarde todos os dias para não ir embora na hora de maior movimento. Outro começou a fazer um caminho diferente para ir trabalhar. Disse que demorava mais ou menos o mesmo tempo porque, apesar de ser uma distância maior, havia menos trânsito —, era um trajeto mais tranquilo, portanto, valia a pena.

É válido perguntar se esse tipo de "evitação de estímulo" é saudável. É bom para nós evitar as coisas que nos causam raiva? No contexto de uma emoção como o medo, por exemplo, evitar é o que leva ao desenvolvimento de alguns transtornos, como fobias e transtorno obsessivo compulsivo, e exacerba outros transtornos como o do estresse pós-traumático. Não pode haver um efeito semelhante para a raiva? Não seria melhor aprender a lidar com essas coisas que nos enraivecem, em vez de evitá-las?

A resposta para essas perguntas é mais complicada do que eu gostaria que fosse. Evitação é um dos tipos de comportamento mais complexos em relação à raiva. O dr. Eric Dahlen e eu fizemos um estudo sobre isso em 2007, quando demos às pessoas vários questionários associados à raiva.[49] Um deles era o Behavioral Anger Response Questionnaire [Questionário de Resposta Comportamental à Raiva] (Barq),[50] desenvolvido por uma equipe de pesquisadores para medir seis diferentes estilos de expressão da raiva. Um deles era a evitação, que inclui tentativas de esquecer o evento enraivecedor ou encontrar maneiras de se distrair dele.

Descobrimos que evitação tem uma correlação negativa com a tendência do indivíduo a ficar com raiva, assim, quanto mais a pessoa tenta ativamente evitar eventos ou lembranças enraivecedores, menos raiva tende a sentir. Evitação também tem correlação com estilos saudáveis de expressão, como respirar fundo, buscar apoio social e trabalhar a raiva ouvindo música ou escrevendo poesia. Ao mesmo tempo, porém, estava correlacionada com supressão de raiva, que é conhecido como um estilo negativo de expressão e correlacionado com uma variedade de consequências interpessoais e de saúde, como transtornos cardiovasculares e alienação de amigos, família e colegas de trabalho. Provavelmente, todos temos um amigo que diria "Tudo bem", quando sabemos que não está *nada* bem. Essas tentativas de supressão podem ser irritantes para as pessoas.

Nesse estudo, evitação era essencialmente bom e ruim, dependendo da variável com qual a comparávamos. Embora seja impossível saber ao certo, isso provavelmente atesta a natureza complicada e contextual da evitação. Ela é boa e má, dependendo do contexto muito específico da situação em que você está e do que está evitando. Como sei se esse é o tipo bom ou mau de evitação? Sem dúvida, pesando tanto os benefícios quanto consequências em longo prazo.

Revisitando o exemplo do meu amigo que passava horas discutindo on-line com outras pessoas, vamos considerar quais poderiam ser as consequências de curto e longo prazo para a evitação desse comportamento. Para ser honesto, nesse caso não parece haver consequências realistas de curto ou longo prazo para a interrupção. Suponho que se possa argumentar que poderia ser bom para ele discordar das pessoas sem ficar com raiva, mas seria ir longe demais. Em algumas dessas discussões, fez sentido ficar com raiva. Isso é mais uma questão sobre ele precisar ou não levar essas discórdias para sua vida com tanta frequência.

Mas examinar o exemplo do carro, com que começamos, torna as coisas um pouco mais complicadas. Em última análise, trânsito é uma coisa que encontramos regularmente, e existem várias experiências semelhantes que encontramos, como filas longas e outros tipos de atrasos e bloqueios de objetivos. Talvez seja melhor aprender a lidar com essa experiência do cotidiano em vez de evitá-la todos os dias. Talvez a abordagem mais saudável seja evitá-la naqueles dias em que não nos sentimos com a melhor capacidade emocional para lidar com ela, mas fazer um esforço para enfrentá-la naqueles dias em que sentimos que queremos aprender a lidar com a frustração.

Tal como a prática de exercícios físicos, há dias em que queremos nos esforçar ao máximo, e em outros, precisamos descansar.

Administrar avaliações

O grosso do trabalho que fazemos para administrar a raiva acontece na terceira parte do modelo "Por que ficamos com raiva", discutido no capítulo 2: avaliação cognitiva. Como interpretamos o estímulo é, em última análise, a parte mais importante de por que ficamos com raiva em qualquer situação dada.

No exemplo que discutimos há pouco, vimos catastrofização, rotulagem inflamatória, supergeneralização e outras coisas. Mas e se a avaliação fosse diferente? E se você tivesse dito simplesmente a si mesmo: "Essas coisas são frustrantes em um dia tão importante, mas consigo lidar com isso?". E se você passasse aquele tempo no carro pensando em uma maneira de resolver os problemas causados pelo atraso sem catastrofizar? Embora seja difícil identificá-las na hora, há infinitas interpretações de um acontecimento, e muitas não causarão raiva.

Aqui vai um lembrete rápido dos cinco tipos de pensamentos mais associados à raiva:

• Supergeneralização: descrever eventos de maneira muito abrangente ("Isso *sempre* acontece comigo");

• Exigência: esperar que outros deixem de lado as próprias necessidades em favor das suas ("Aquela pessoa devia parar o que está fazendo para vir me ajudar");

• Atribuição errada de causalidade: atribuir culpa ou interpretar incorretamente causalidade ("Fizeram isso de propósito só para me irritar");

• Catastrofização: aumentar as coisas de maneira desproporcional ("Isso vai acabar com o meu dia");

- Rotulagem inflamatória: rotular pessoas ou situações de maneiras altamente negativas ("Aquele cara é um completo idiota").

É claro que há outros que serão relevantes em alguns momentos. A autoculpabilização, por exemplo, pode ser relevante em tempos de raiva de si mesmo. Podemos ler a mente de outras pessoas ("Ele deve pensar que sou um idiota") ou personalizar acontecimentos ("Por que isso está acontecendo comigo?") de maneira que provoca raiva. Mas esses cinco são os grandes. Esses são os pensamentos para os quais as pessoas gravitam quando estão com raiva.

Há dois passos importantes para administrar esses pensamentos. Primeiro, temos que identificá-los no momento. Segundo, temos que considerar algumas alternativas. Para ser honesto, aprender a identificá-los no momento é, provavelmente, a parte mais difícil. Exige esforço quando as pessoas estão com raiva, e também quando não estão. É preciso estar disposto a pensar sobre os próprios pensamentos no momento de raiva e fora dele, quando se pensa nele.

Há algumas maneiras diferentes de fazer isso. Uma delas é avaliar eventos enraivecedores passados. Pense em um tempo em que ficou com muita raiva e responda às seguintes perguntas sobre essa ocasião.

1. Qual foi o estímulo?
2. Em uma escala de um a dez, quanto ficou com raiva?
3. Quais pensamentos você teve na ocasião? Relacione todos de que pode se lembrar. Tente pensar sem levar em consideração que tipo de pensamento. Apenas os relacione sem julgar.

Quando terminar, considere cada um desses pensamentos. Eram interpretações precisas e realistas da situação? Alguns eram consistentes com os cinco tipos de pensamentos que eu descrevi? Em que medida você questionou sua capacidade de lidar com a situação?

Um jeito mais formal de fazer isso é usando um registro de humor. Um registro de humor é exatamente isso — um registro de situações emocionais no qual você anota diferentes pensamentos, sentimentos e comportamentos que teve no momento. É uma estratégia que terapeutas usam com frequência para ajudar clientes com transtornos de humor a se tornarem mais conscientes da relação entre seus pensamentos e sentimentos, mas não há nenhuma razão para um registro de humor poder ser usado apenas em casos de problemas diagnosticáveis de saúde mental. Eles podem ser usados por qualquer pessoa que queira ter uma vida emocional mais saudável.

Registros de humor também podem incluir quaisquer variáveis que você queira acompanhar. Alguns registros de humor podem incluir um espaço para comportamentos que acompanharam o sentimento. Depende do objetivo, na verdade. Por ora, vamos usar um registro de humor só com cinco colunas: situação, emoção, intensidade, avaliação primária (pensamentos sobre sua capacidade de lidar com a situação) e avaliação secundária. Preenchi uma linha com o exemplo que abordei.

Situação	Emoção (emoções)	Intensidade (escala de 1 a 10)	Avaliação primária	Avaliação secundária
Atrasado para ir trabalhar devido ao trânsito inesperado.	Raiva, mas também alguma preocupação.	Raiva: 8 Preocupação: 7	O que esse idiota está fazendo? Por que essas coisas sempre acontecem comigo?	O dia hoje vai ser horrível. Tenho um monte de coisas para fazer e agora não vou conseguir fazer nada disso.

Novamente, um dos pontos positivos de fazer registros de humor é que se pode adaptá-los ao que você acredita ser importante. Se quer focar mais no seu estado pré-raiva, por exemplo, pode acrescentar uma coluna na qual mantém um registro disso. Se quer explorar o que essa raiva pode estar lhe dizendo sobre sua personalidade, pode acrescentar uma coluna onde reflete sobre essas características que podem estar provocando a resposta (como impaciência ou mente fechada). Registros de humor são uma grande ferramenta para ajudar as pessoas a entenderem melhor seus sentimentos e administrá-los.

Uma coluna incluída frequentemente em um registro de humor é um espaço para alguns pensamentos alternativos. Para aqueles momentos quando você determina que os pensamentos que teve não foram razoáveis ou realistas e exacerbaram sua raiva (lembre-se, às vezes não há nada de irrazoável ou irrealista em sua raiva), o próximo passo é explorar mais algumas alternativas. No exemplo do quadro, alguns pensamentos alternativos poderiam ser: "Isso é frustrante, é claro, e não gosto quando coisas assim acontecem comigo" ou "Isso vai me fazer chegar dez minutos depois do que eu esperava chegar. Vou ter que fazer ajustes".

A importância dessas duas afirmações é que são precisas e realistas. Não são interpretações desonestas que minimizam as reais consequências da situação. Você não está dizendo: "Tudo vai ficar bem", porque pode não ficar. Não está dizendo "Não é tão importante assim", porque pode ser. Está adotando uma compreensão real e sensata da situação em que se encontra e essa interpretação leva a um desfecho emocional ligeiramente diferente.

Há uma variedade de avaliações alternativas que as pessoas fazem quando se veem diante de eventos aparentemente negativos que podem levar a um desfecho emocional mais saudável. Em 2001, três psicólogos desenvolveram o Cognitive Emotion Regulation Questionnaire

(Cerq)[51] [Questionário de Regulação Emocional Cognitiva] para medir diferentes tipos de pensamentos que as pessoas têm quando passam por um acontecimento negativo. Já discutimos alguns deles. Como muitas pesquisas de pensamentos, o Cerq mede autoculpabilização, culpabilização do outro, ruminação e catastrofização. No entanto, o que torna essa pesquisa interessante é que ela também mede alguns pensamentos tipicamente associados a experiências emocionais positivas. Especificamente: mudar o foco para planejamento, mudar o foco positivamente, reavaliação positiva, aceitação e colocar em perspectiva.

Mudar o foco para o planejamento é quando pensamos no que precisamos fazer para resolver o problema que estamos enfrentando. Redirecionar o foco para o positivo é quando tentamos pensar em experiências mais positivas que tivemos no passado. Então, estamos nos removendo da situação e focando em experiências menos perturbadoras. Reavaliação positiva é quando tentamos reinterpretar o mesmo acontecimento sob uma luz mais positiva. Aceitação é tentar tolerar a situação como algo que não podemos mudar. Por fim, quando colocamos as coisas em perspectiva, pensamos no acontecimento em termos de seu significado mais amplo minimizando como ele poderia ser catastrófico, comparado a outras experiências negativas.

Em 2005, fizemos um estudo no qual investigamos o Cerq relacionado à raiva.[52] Aplicamos o Cerq em quase quatrocentos participantes junto com outras medidas de raiva, estresse, ansiedade e depressão. Tentávamos determinar quais desses nove tipos de pensamentos eram mais problemáticos e quais eram mais adaptativos em termos de minimização da raiva. Descobrimos o esperado. Culpar os outros, culpar-se, catastrofização e ruminação eram todos relacionados à raiva. Pessoas que mantinham esses tipos de pensamento ficavam com raiva com mais frequência e expressavam essa raiva de maneiras menos saudáveis.

Com os outros pensamentos considerados mais adaptativos, no entanto, as coisas eram um pouco mais complicadas. Pessoas que redirecionavam o foco para planejamento, que pensavam sobre coisas mais positivas ou tentavam pôr as coisas em perspectiva não ficavam necessariamente com menos raiva que os outros, mas expressavam sua raiva de maneiras mais saudáveis quando a sentiam.* Se tivesse que escolher o melhor tipo de pensamento positivo a partir desse estudo, ela seria a reavaliação positiva. Esse tipo de pensamento leva a menos raiva e estilos de manifestação mais saudáveis.

Esses pensamentos alternativos são sobre avaliação primária e secundária. Quando você reavalia uma situação negativa sob uma luz positiva, está mudando sua avaliação da provocação e repensando o que é necessário para lidar com esse evento negativo. Isso é importante porque a avaliação secundária, ou quanto você pensa ser capaz de lidar bem com um evento negativo, é crítico para administrar a raiva. No exemplo descrito anteriormente sobre dirigir para o escritório, grande parte da raiva estava enraizada em sua percebida falta de habilidade para lidar com o atraso. Quando você diz "O dia hoje vai ser horrível", o que está dizendo de fato é que é impotente para consertá-lo.

Como podemos redirecionar uma avaliação de um senso de impotência para empoderamento? É aqui que os tipos de pensamento em relação a como redirecionar o foco para o planejamento são particularmente valiosos. Quando as pessoas passam de catastrofização ("Isso vai acabar com o meu dia") para planejamento ("Isso é frustrante, então como eu posso resolver?"), param de pensar nelas mesmas como um agente passivo na situação e se tornam alguém que realmente tem o poder de se ajustar às circunstâncias.

---

* Também eram menos propensas a ficarem deprimidas, ansiosas ou estressadas, de forma que os benefícios desse pensamento positivo iam bem além da raiva.

ATIVIDADE:
REPENSAR PENSAMENTOS ENRAIVECEDORES

Esta atividade é para ajudar você a repensar alguns de seus pensamentos enraivecedores de um jeito menos enraivecedor, mas, ainda assim, realista.

O objetivo aqui não é mentir para si mesmo a fim de sentir menos raiva (não tem a ver com mudar de "Isso é terrível" para "Isso não é tão importante"). Em vez disso, tente identificar mudanças sutis que podem ser mais positivas e fortalecedoras para você.

1. Faça uma lista de pensamentos que teve em uma ocasião em que sentiu raiva;
2. Da melhor maneira possível, identifique que tipo de pensamento era (como catastrofização ou rotulagem inflamatória);
3. Identifique um pensamento alternativo fidedigno, mas que seja menos enraivecedor. Abaixo listei alguns exemplos para ajudar.

Pensamento enraivecedor	Tipo de pensamento	Pensamento alternativo
Ele sempre faz isso!	Supergeneralização	Ele faz isso mais vezes do que eu gostaria.
Isso vai estragar tudo!	Catastrofização	Isso é ruim, e vamos ter que planejar uma estratégia para resolver.
Por que não podem fazer isso direito?	Atribuição errada de causalidade, rotulagem inflamatória	Essa pessoa continua tendo dificuldade, talvez precise de ajuda para resolver isso.

Além da aceitação

Há um pensamento supostamente positivo que não parece fazer muita diferença com relação à raiva. As pessoas são sempre orientadas a aceitar as coisas que não podem mudar. Porém, tentativas de aceitação não só não foram relacionadas à raiva, como foram associadas à depressão e ao estresse. Quando você tenta simplesmente aceitar uma situação negativa sem mudá-la — quando diz: "Vou só tolerar essa experiência negativa, porque não tem nada que eu possa fazer quanto a ela" —, não só isso tem zero impacto sobre a raiva, como leva ao estresse adicional e à tristeza. Essa descoberta sugere uma coisa muito importante sobre a raiva: senti-la e não fazer nada com ela não é bom para nós. Temos que encontrar maneiras de usá-la para mudanças positivas.

USAR A RAIVA   12

Diagnosticar a raiva

A essa altura, relacionei uma série de problemas que podem surgir de raiva crônica ou mal administrada. De violência a problemas de saúde física e mental e dificuldades nos relacionamentos, a raiva pode ter consequências catastróficas para a vida de quem não consegue controlá-la, bem como para as pessoas à sua volta. No entanto, apesar de todos esses possíveis problemas, a raiva não é considerada uma questão de saúde mental como outras emoções desajustadas. Enquanto a depressão reflete tristeza desajustada e os transtornos de ansiedade refletem versões desajustadas de medo, não existe um transtorno para a raiva desajustada relacionado na versão mais recente do *Manual diagnóstico e estatístico de transtornos mentais (DSM-5)*[*] ou em nenhuma das versões anteriores, na verdade.

---

[*] De alguma maneira, esse grande livro de condições diagnosticáveis de saúde mental pode relacionar tudo, de "transtorno depressivo maior, episódio único com características melancólicas e depressão periparto" a "hipoventilação relacionada ao sono" e "transtorno de conduta infantil com emoções pró-sociais limitadas". No entanto, não relaciona transtornos da raiva.

Sendo honesto, é uma omissão estranha que não consigo explicar por completo. A Associação Americana de Psiquiatria é criticada há muito tempo por superpatologizar experiências humanas relativamente rotineiras, assim, é muito estranho vê-los subpatologizar nesse caso. Não é que ignorem completamente a raiva. Há vários lugares em que raiva ou algo semelhante, como irritabilidade, é relacionada como um sintoma de outra condição. Por exemplo, raiva costuma ser descrita como um sintoma de transtorno de personalidade borderline, transtorno de estresse pós-traumático e transtorno disfórico pré-menstrual.

Particularmente interessante, porém, é a frequência com que a raiva é pensada como um sintoma de depressão. Irritabilidade é relacionada como um sintoma tanto de transtorno depressivo maior e transtorno depressivo persistente, e no critério aponta-se que irritabilidade só é sintoma em crianças e adolescentes. Um transtorno novo no *DSM-5* que parece ser o mais próximo de um transtorno da raiva é chamado de transtorno disruptivo da desregulação do humor (TDDH), que inclui irritabilidade, incidentes de abuso verbal e agressão física. Contudo, novamente TDDH é descrito como um transtorno depressivo e só pode ser diagnosticado se o primeiro surto ocorrer antes dos dezoito anos. Parece que os autores do *DSM-5* acreditam que raiva é primariamente um sintoma de depressão em crianças.

Em última análise, a raiva deveria ser pensada como os outros transtornos de raízes emocionais no *DSM-5*. Reconhecemos que a tristeza é saudável na maior parte do tempo, mas pode se tornar patológica quando é muito severa ou duradoura (como no transtorno depressivo maior). Reconhecemos que o medo é saudável na maior parte do tempo, mas pode se tornar patológico quando desenvolvemos um medo irrazoável de objetos ou situações em particular (tais como fobias específicas e transtorno de ansiedade social). Portanto, por que relutamos tanto em considerar a raiva uma emoção saudável que pode se tornar patológica quando duradoura, severa ou mal expressada?

Os transtornos propostos

A ausência de raiva no *DSM-5* não é decorrente de falta de esforço dos pesquisadores da raiva. Há pelo menos quatro diferentes transtornos relacionados à raiva que foram inscritos como possíveis critérios de diagnóstico. O mais interessante deles, para mim, é o transtorno de regulação-expressão da raiva (Ared), porque foi inscrito como um substituto para algo que já existe no *DSM-5*: transtorno explosivo intermitente (TEI). TEI, como mencionado no capítulo 6, é um transtorno de controle de impulso em que as pessoas não conseguem resistir ao impulso de atacar verbal ou fisicamente. Embora seja razoável presumir que existe alguma raiva por trás desses episódios agressivos, a essa altura você sabe que mesmo que consideremos o TEI um transtorno da raiva, essa ainda é uma visão muito estreita de como a raiva pode ser expressa. Não tem nada nos critérios de diagnóstico de TEI que capture expressões de raiva não agressivas, mas ainda problemáticas.

Os drs. DiGiuseppe e Tafrate[53] escreveram critérios para Ared que capturam os sintomas de TEI e ainda incluem aspectos de raiva problemática que não são incluídos no TEI atualmente. Por exemplo, além de agressão verbal e física, Ared inclui formas de agressão mais indiretas ou passivas (como sarcasmo, sabotagem disfarçada, espalhar boatos). Os autores também reconheceram que a raiva não precisa levar a nenhum tipo de expressão externa para ser um problema para a pessoa. Os critérios incluem duas categorias de sintomas: efeito da raiva e comportamentos agressivos/expressivos. A primeira categoria é para aquelas experiências recorrentes de raiva que, embora não sejam agressivas, levam a uma variedade de consequências negativas (ruminação, comunicação ineficiente e ainda retraimento, por exemplo).

O segundo grupo de sintomas é para os comportamentos agressivos ou expressivos associados à raiva. Esse grupo inclui os sintomas de TEI (como agressão física) e algumas formas de agressão passiva (atrapalhar ou influenciar de maneira negativa os círculos sociais de outras pessoas).* É possível que alguém pudesse se enquadrar nessas duas categorias, e então os critérios incluiriam três diferentes subtipos baseados em quais sintomas a pessoa tem.

Quero ressaltar que, como quase todo transtorno no *DSM-5*, você só seria diagnosticado com isso caso "haja evidência de prejuízo regular aos relacionamentos sociais ou vocacionais devido a episódios de raiva ou padrões expressivos". Em outras palavras, você não teria esse diagnóstico, a menos que houvesse um padrão claro e consistente de problemas resultantes de sua raiva. Mais uma vez, assim como com a tristeza e o medo, a ideia aqui não é patologizar ou encorajar autodiagnósticos acerca da experiência de raiva automaticamente, mas reconhecer que ela *pode* se tornar um problema de saúde em algum momento.

Há duas coisas que você vai notar sobre os critérios. A primeira é que eles remetem a novas partes do modelo "Por que ficamos com raiva" de que ainda não falamos muito: os sentimentos de raiva (o real estado de sentimento) e as expressões de raiva (como expressamos nossa raiva quando estamos furiosos). Esse diagnóstico proposto é largamente reflexivo dos sentimentos de raiva e das expressões

---

* Os critérios para Ared são prova de que cientistas podem fazer qualquer coisa parecer mais complicada por meio de jargão. Espalhar boatos se torna "influenciar negativamente os círculos sociais de outras pessoas", falar palavrão vira "verbalizações aversivas" e mostrar o dedo do meio se torna "gesticulação negativa" (que é um tipo específico de "expressão corporal provocativa").

daqueles sentimentos. Não tem nada a ver com as provocações, estados pré-raiva ou avaliações.

A segunda coisa reconhece o que eu penso ser uma das características mais importantes sobre a raiva: o modo como a expressamos importa muito. A raiva se torna um problema quando adotamos um padrão de estilos de expressão desajustados. Quando a administramos e a usamos de um jeito saudável, ela pode ser uma força poderosa em nossa vida. Então, como fazer isso? Existem alguns jeitos.

Pensar na raiva como combustível

No capítulo 3, falamos sobre como a amígdala desencadeia uma cascata de respostas fisiológicas quando você fica com raiva. A adrenalina invade o corpo, a frequência cardíaca aumenta, os músculos se contraem e a respiração acelera com o corpo se preparando para uma luta. Você pode pensar na raiva como combustível. Ela fornece a energia e a força necessárias para mudar coisas que precisam ser mudadas e resolver problemas que precisam de solução. Às vezes esses problemas são pequenos. Você passou meses com uma torneira pingando e, um dia, por uma combinação de razões (precipitante, estado pré-raiva, avaliação), isso provoca uma frustração suficiente para você largar tudo e consertá-la.

Mas esses problemas podem ser enormes. Você testemunha uma injustiça tão escandalosa que simplesmente não consegue tolerar. Uma situação que é de fato e incontestavelmente catastrófica. Você lê um artigo sobre destruição climática, assiste a um vídeo sobre brutalidade policial, aprende um fato novo sobre a frequência de assédio sexual ou *bullying* on-line e se enfurece com o estado das coisas. A raiva emerge e alimenta seu desejo de fazer algo. Você doa para uma organização, comparece a um protesto, escreve uma carta ao jornal da sua região ou faz alguma coisa ainda mais significante.

Essa raiva que você sentiu foi a fagulha de que precisava para se comprometer com novas causas e fazer a diferença. Ela informa que alguma coisa está errada e fornece a energia para você corrigir esse erro.

Como qualquer combustível, há ressalvas. Primeiro, como o combustível, a raiva é volátil. Existe a possibilidade muito real de uma explosão indesejada quando você não toma o devido cuidado. Segundo, esse combustível uma hora vai acabar e, se não for reposto, vai deixar seu tanque vazio. Existem estratégias para combater esses dois problemas em potencial.

Manter a raiva sob controle
Mesmo quando estamos certos por sentir raiva, talvez tenhamos que encontrar maneiras de manter essa raiva sob controle para não explodirmos. No capítulo anterior, falamos sobre administrar a raiva pela administração de provocações, estados e interpretações. Mas e se nossas interpretações forem certas? Como administramos a raiva quando alguém realmente tem culpa; quando não estamos pedindo tratamento especial, mas tratamento justo; ou quando a situação é realmente catastrófica?

A única coisa que você precisa fazer é manter sua raiva controlada se acha que pode cometer alguma irresponsabilidade por causa dela. Como falei anteriormente, há ocasiões em que a raiva interfere na capacidade de pensar com clareza. Podemos resolver os problemas de um jeito mais eficiente se nos acalmarmos. Uma das melhores abordagens para lidar com sentimentos de raiva indesejados é o relaxamento. Funciona para a raiva da mesma forma que funciona para um problema de ansiedade. Raiva e relaxamento são o que chamamos de estados de humor incompatíveis, o que significa que não se pode sentir os dois ao mesmo tempo. Como não é possível estar relaxado e amedrontado ao mesmo tempo, você não pode estar relaxado e furioso ao mesmo tempo.

Existem várias abordagens de relaxamento que as pessoas podem usar quando sentem raiva, e elas envolvem principalmente algum tipo de respiração profunda e/ou distração. Do lado da respiração profunda, vemos desde a abordagem rápida da "respiração triângulo" (inspirar por três segundos, segurar o ar por três segundos, expirar por três segundos) até a abordagem mais demorada de encontrar um lugar confortável longe das pessoas e fazer exercícios de respiração profunda. Em muitos sentidos, isso depende da sua necessidade (quanto você está bravo?) e do que pode fazer no momento (consegue se afastar?). Por exemplo, há momentos em que a raiva é moderada o bastante para, mesmo sentindo a necessidade de controlá-la, você só precisar de um momento para inclinar a cabeça para trás, respirar fundo e soltar o ar para recuperar o foco. Porém, há outras ocasiões em que pode ser necessário se afastar das pessoas e encontrar um lugar tranquilo para um exercício de cinco a dez minutos de respiração profunda.

Uma variação adicional de respiração profunda pode incluir progressivo relaxamento muscular no qual você mira em grupos musculares específicos com tensão e relaxamento. Pare agora por um momento, por exemplo, e cerre o punho com força, segure por três segundos e solte. O que você vai notar é que uma forte sensação de relaxamento domina a mão e os dedos quando você os abre. Um dos meus professores na faculdade de psicologia comparava isso a um pêndulo indo e voltando, de tensão a relaxamento, uma metáfora da qual gosto muito. O procedimento para progressivo relaxamento muscular pode variar, mas as pessoas costumam começar se deitando, respirando fundo algumas vezes e, depois, contraindo os músculos dos pés por três a cinco segundos, antes de relaxá-los por três a cinco segundos. Depois passam para as panturrilhas, coxas e o restante do corpo, incluindo testa e queixo.

Em relação à distração, as pessoas costumam integrar visualizações orientadas à respiração profunda. Visualização é quando se usa algum tipo de imaginário mental para se afastar da situação enraivecedora e ir para um lugar mais relaxante. A pessoa pode vislumbrar um cenário ou uma atividade que considere relaxante (muitas vezes lugares na natureza, como a praia ou uma floresta).* Para alguns, isso pode se traduzir em deitar em uma praia, tomar sol e ouvir ondas imaginárias quebrando na areia. Para outros, pode se traduzir em uma longa caminhada na floresta. Os detalhes podem se resumir às coisas em que a pessoa é melhor. Se você tem boa imaginação, pode conseguir se retirar para um lugar onde já esteve antes, ou não. Outros podem precisar imaginar um lugar onde já estiveram antes ou até um dia específico, quando se sentiam particularmente relaxados. Outros ainda seguem algum tipo de visualização orientada por gravação de áudio, em que um narrador os conduz por um cenário relaxante.

Reabasteça nas suas condições

O outro lado da metáfora da raiva como combustível é que às vezes ficamos sem ele quando mais precisamos. Pense nisso considerando problemas sociais abrangentes ou preocupações que possa ter (tais como destruição ambiental, corrupção, racismo, sexismo). Como ouvimos falar dessas questões todos os dias, pode ser difícil manter um nível de raiva significativo. A expressão da cultura popular para isso é "entregar os pontos". As pessoas se sentem exaustas em relação

---

* A pesquisa sobre natureza e relaxamento é particularmente fascinante. Com relação às perspectivas evolutivas sobre a emoção, muitos estudiosos sugerem que nossa história evolutiva nos preparou para sentirmos que somos restaurados pela natureza.

a assuntos com os quais se importam porque são inundadas de informações sobre quão mal vão as coisas. Entregar os pontos pode causar sentimento de impotência ("Nunca vai melhorar") e exaustão ("Não consigo continuar com isso"), que podem ser prejudiciais às pessoas. É comum eu ouvir falar de pessoas que escolhem se afastar de qualquer engajamento cívico, inclusive acompanhar as notícias, porque se sentem muito tristes ou furiosas.

Ao mesmo tempo, entregar os pontos pode incluir o que os psicólogos chamam de "habituação". Habituação é quando nos acostumamos com um estímulo a ponto de ele não ter mais a resposta intensa que um dia teve. Imagine que exista uma obra na frente do seu escritório durante alguns dias. No começo, o barulho de marteladas pode ser irritante, mas depois de alguns dias, você se acostuma com ele. Habituou-se àquele estímulo, e não o percebe mais. Em relação a entregar os pontos, vamos imaginar que você se importa muito com o meio ambiente e apoia políticas que o protegem. Na primeira vez que ouve falar sobre uma política particularmente notável de um presidente, governador ou outro líder que vai causar prejuízo ambiental, pode ficar furioso. Com o tempo, porém, e com essa pessoa aprovando seguidamente essas leis, você pode se acostumar com elas (habituado) e, consequentemente, deixa de ficar tão furioso quanto antes.

Do ponto de vista de "usar a raiva", entregar os pontos é um problema. Quando nos habituamos às questões que enfrentamos, sejam elas frustrações pessoais, como maus-tratos no trabalho ou amplas injustiças sociais, perdemos o combustível necessário para fazer mudanças. Entregar os pontos é o oposto de se manter energizado, por isso precisamos encontrar um jeito de manter a energia que a raiva deveria nos dar.

Existem duas maneiras de encher o tanque de raiva-combustível (ambas devem ser usadas com cautela, considerando as consequências negativas que a raiva sempre pode trazer). Primeira: quando estiver com muita raiva em relação a um problema, pare por um momento e reflita sobre como se sente. Lembre-se dessa raiva, de forma que possa acioná-la por conta própria posteriormente. Pense na provocação e preste atenção aos pensamentos que tem. Pense no que quer fazer com essa raiva. Em alguns sentidos, isso é o oposto da visualização de que falamos para ajudar a relaxar. Essa é uma visualização para ajudar a manter a raiva nos momentos em que realmente precisar dela.

A segunda maneira de encontrar sua raiva é procurar ativamente essas provocações. Isso é, essencialmente, o oposto da evitação de estímulo de que falamos no capítulo anterior. Na era das redes sociais, nunca foi tão fácil buscar estímulos para a raiva. Se você quer ficar furioso com a política, é só ir à página no Facebook daquele primo que está no polo oposto da polarização política e ler alguns posts. Vá ao Twitter e descubra os tópicos em alta que o deixam furioso.

Essa ideia de querer se enraivecer pode parecer absurda para alguns, mas se considerá-la no contexto esportivo, ela é até bem comum. Uma aluna minha, Kayla Hucke, fez seu trabalho de conclusão de curso sobre esse conceito com atletas universitários explorando como eles usavam raiva e ansiedade em suas modalidades.[54] Ela reuniu uma amostra de 169 atletas estudantes e perguntou como eles queriam se sentir no dia de um evento esportivo, imediatamente antes e durante o evento. Ela também avaliou sua inteligência emocional (a capacidade de entender, perceber, administrar e usar emoções) e perguntou sobre as vezes em que raiva e ansiedade os ajudaram ou prejudicaram em um evento esportivo.

Os resultados foram chocantes. Os atletas queriam começar o dia de um evento esportivo com um pouco mais de raiva, e queriam ficar ainda mais enraivecidos com o passar do dia, chegando ao ápice da raiva durante o evento. É o oposto do medo: eles queriam começar o dia ansiosos, sentir muita dessa ansiedade antes do evento, e sentir que ela dissipava enquanto jogavam. Apesar de ela ter descoberto que essa raiva durante a prática esportiva tinha algumas consequências negativas percebidas (alguns atletas sentiam que ela os distraía, ou que a negatividade podia desanimá-los ou desanimar os companheiros de time), os atletas também identificaram alguns benefícios reais para o sentimento de raiva quando competiam. A raiva mantinha sobretudo a adrenalina circulando, aumentava o esforço e elevava o sentimento de motivação. Em outras palavras, a raiva era o *combustível* para sua performance. Por fim, os atletas que pontuavam mais alto para inteligência emocional tinham o melhor desempenho em suas modalidades esportivas. As pessoas que conseguiam controlar esse combustível e o canalizavam para suas atividades eram as que tinham o melhor desempenho.

Siga em frente, mesmo com esses pensamentos ruminativos
Você já sentiu que era incapaz de superar uma situação de raiva? Talvez tenha revisto a situação mentalmente muitas vezes, pensando no que queria ter dito? Ou talvez seja uma situação que ainda não aconteceu, mas que você se pega antecipando, examinando como espera que aconteça e imaginando as diferentes variações do que espera dizer e ouvir? Se sim, você não é o único. Esse é um conhecido conceito relacionado à emoção chamado ruminação, e pode ser bem desconcertante.[*]

---

[*] Vou usar esse momento para confessar que sou a própria definição de ruminador. Na verdade, quando meu filho tinha três anos de idade e eu voltava da creche com ele um dia, dirigia e tinha todo tipo de pensamentos ruminativos sobre meu dia de trabalho. Ouvíamos música, e de repente ele disse: "O que você falou?", "Não falei nada, amigão", respondi, e ele insistiu: "Falou, sim. Você disse (e repetiu todo meu monólogo supostamente interno)". Foi nesse dia que percebi que, ou ele era capaz de ler pensamentos... ou eu não só ruminava, como também falava sozinho.

Anteriormente, mencionei alguns estudos que fiz, um deles com o Questionário de Resposta Comportamental à Raiva (Barq) e outro com o Questionário de Regulação Emocional Cognitiva (Cerq). Esses dois questionários possuem uma subescala que mede ruminação em questões sobre cismar ou então continuar pensando no evento enraivecedor.

Nos estudos que fiz utilizando esses questionários, encontramos um padrão consistente. Ruminação tem correlação com a tendência para sentir raiva e com a expressão desajustada da raiva (inclusive a tendência para pensamentos vingativos e pensamentos sobre violência). Mas é interessante que, nos dois estudos, a ruminação teve mais relação com supressão da raiva. Isso significa que, se você tem propensão a tentar segurar a raiva quando se sente provocado, tem mais tendência para ruminar posteriormente.

Se pensarmos no padrão aqui, é mais ou menos assim: a pessoa se sente provocada, tenta não responder à provocação, mas depois não consegue parar de pensar nela. Em nosso estudo de 2004 sobre isso, olhamos não só para a raiva, mas para depressão, transtorno de ansiedade e estresse. Ruminação estava relacionada também a esses três estados de humor. Existe uma variedade de maneiras de lidar com ruminação indesejada. Em muitos sentidos, ruminação deriva de uma origem semelhante à da preocupação, portanto, tal como a preocupação, uma das maneiras produtivas de lidar com ela é pela distração. Você pode ler um livro, ouvir música, assistir a um filme ou programa de TV, ou acionar algum outro mecanismo que ocupe a mente.

Seria fácil sugerir que ruminação é prejudicial com base nessa e em outras descobertas. Afinal, ela tem relação com a raiva, depressão, ansiedade e estresse, mas há outra maneira de pensar nesse padrão. Talvez ruminação seja o jeito de sua mente informar que você ainda não resolveu a situação. O fato de o cérebro não desviar o foco dela provavelmente significa que você não se sente confortável com a resolução. Em resumo, ruminação pode ser outro jeito de sua raiva avisar que você ou as pessoas com quem se importa foram tratados injustamente.

É mais ou menos como ficar com uma música martelando na cabeça. Quando isso acontece, um jeito de se livrar dela é cantá-la até o fim — para ter encerramento. Com a ruminação, uma das maneiras de lidar com ela pode ser conseguir um encerramento. Sobretudo se você está ruminando porque suprimiu a raiva.

Nesse caso, pode ser útil rever a conversa difícil na qual suprimiu sua raiva e, dessa vez, colocar-se de um jeito ainda mais direto. Procure a pessoa de quem está com raiva e recomece a conversa dizendo alguma coisa como: "Outro dia, quando [aconteceu a coisa enraivecedora], fiquei com raiva e não disse nada". Pode ser que você ainda não tenha o encerramento que deseja com essa nova conversa (não podemos controlar como os outros respondem a nós), mas provavelmente vai se sentir mais confortável com como lidou com as coisas do seu lado.

Comunicação raivosa

Um dos benefícios da raiva do ponto de vista evolutivo é que ela ajuda na comunicação. Como discutimos no capítulo 3, todas as emoções são ferramentas de comunicação. As expressões que exibimos quando estamos tristes, com medo ou raiva transmitem alguma coisa importante para aqueles à nossa volta. Lágrimas informam às pessoas que precisamos de ajuda. Olhos arregalados e gritos avisam que estamos em perigo (e, portanto, as outras pessoas também podem estar). Olhares e testa enrugada comunicam que as pessoas podem ter nos tratado mal e que o relacionamento precisa de reparos.

Obviamente, evoluímos para além de um ponto no qual contávamos exclusivamente com expressões faciais e outras expressões não verbais para transmitir emoção (embora as expressões verbais ainda sejam relevantes, decerto). No entanto, comunicar a raiva ainda é uma ferramenta valiosa quando se trata de usar a raiva. Isso é especialmente verdadeiro naqueles momentos em que a raiva é justificada. Fomos maltratados, precisamos conseguir comunicar às pessoas que nos maltrataram como nos sentimos e porque estamos nos sentindo assim. Pode ser difícil, mas é o primeiro passo para alcançar a resolução que talvez estejamos buscando. Aqui vão algumas dicas para tirar proveito máximo dessas conversas difíceis.

Planeje conversas difíceis com antecedência
Pense nos argumentos que quer usar, em como vai transmiti-los e como a outra pessoa pode reagir (como vai se sentir, provavelmente, e o que pode dizer em resposta). Você não vai conseguir planejar nada, mas ter uma ideia antecipada do que deseja transmitir vai ajudá-lo a colocar sua opinião e manter a calma.

Treine declarações do tipo "Quando isso aconteceu, me senti"
Tente evitar declarações como: "Você me deixou furioso quando...". Em vez disso, experimente: "Quando você..., eu senti raiva". Vai comunicar a mesma coisa, essencialmente, mas tira o ônus da outra pessoa. É um jeito de reconhecer que desempenha um papel em sua raiva (mas sem assumir toda a responsabilidade).

Mantenha o profissionalismo
A última coisa que eu quero no mundo é "policiar o tom". Já disse anteriormente que não existe só um jeito de comunicar raiva, e que às vezes gritar e berrar é a única maneira de se fazer ouvir. Dito isso,

nessas conversas difíceis, tentar manter a calma e ser profissional pode impedir que a outra pessoa se coloque na defensiva. Tente não falar palavrões ou gritar. Você vai fazer mais progressos, provavelmente, se for mais para o lado da assertividade que da agressividade.

Mantenha-se focado no assunto

Discussões podem escapar ao controle facilmente e acabar levando a uma situação em que, em vez de resolver a disputa, você fica só tentando marcar pontos. Tente manter o tópico específico à frente da conversa. Se o motivo da discussão é que você quer que seu amigo saiba, por exemplo, que você está com raiva porque ele mentiu, não mencione todas as coisas ruins que ele fez ao longo da amizade. Restrinja-se à coisa específica com que está aborrecido.

Ouça também

Ter conversas difíceis é, também, ouvir o que a outra pessoa diz. Com muita frequência, em vez de ouvir quando a outra pessoa está falando, usamos esse tempo para pensar no que queremos dizer a seguir. Tente não fazer isso. Ouça e preste atenção ao que a pessoa está dizendo, como pode estar se sentindo e o que pode estar pensando.

Se for preciso, faça um intervalo

É possível fazer intervalos em conversas difíceis se sentir que as coisas estão esquentando demais, ou deixaram de ser produtivas. Você pode dizer: "Acho que não estamos chegando a lugar algum com isso agora, vamos deixar para voltar ao assunto mais tarde. Preciso de um tempo".

Evite catarses

As pessoas muitas vezes funcionam sob a presunção errada de que uma boa maneira de lidar com raiva indesejada é "botando para fora".

Sugerem esmurrar um travesseiro, ou praticar esportes agressivos, ou até jogar videogames violentos.

Na verdade, ao longo dos últimos cinco a dez anos, vimos essa tendência de "salas de fúria" nos Estados Unidos. Salas de fúria são lugares onde as pessoas podem ir e pagar para quebrar coisas, e são anunciadas como uma solução para lidar com a raiva indesejada.* A ideia para esses lugares se baseia no conceito de catarse, uma ideia tão antiga quanto Aristóteles. Infelizmente, tanto para Aristóteles quanto para o proprietário/funcionário da sala de fúria, catarse não alivia a raiva indesejada. Na verdade, faz literalmente o oposto do que as pessoas desejam que faça.

Para explicar o porquê, devo rever o trabalho do dr. Brad Bushman. Ele é o pesquisador de agressão que vimos no capítulo 6, quando discutimos direção agressiva, e é um especialista renomado no "mito da catarse". Eu o entrevistei sobre a teoria da catarse, e ele a descreveu assim: "Teoria da catarse soa elegante. As pessoas gostam, mas a verdade é que não existe muita evidência científica para sustentá-la, portanto, acho que preciso desmentir esse mito de que é saudável extravasar a raiva ou desabafar".

Ele explicou que, embora a ideia seja do tempo de Aristóteles, foi revisada pelo dr. Sigmund Freud, que descreveu a raiva usando um modelo hidráulico. "Freud disse que a raiva aumenta no interior de uma pessoa como a pressão dentro de uma panela de pressão, e a menos que seja posta para fora, a pessoa vai acabar explodindo em uma fúria agressiva. No entanto, quando as pessoas extravasam a raiva, estão só praticando como ser mais agressivas, fazendo coisas

---

* Alerta de *spoiler*: não funciona. Além disso, me incomoda terem escolhido chamar esses lugares de sala de fúria, quando há trocadilhos incríveis disponíveis. Por que não "sala do desastre" ou "sala da quebradeira"?

como bater, chutar, gritar e berrar. É como usar gasolina para apagar fogo. Só alimenta o incêndio."

Pedi a ele para sugerir um estudo para ter uma ideia de como sabemos que catarse que não funciona, e ele me falou sobre um trabalho no qual exploram catarse no contexto do efeito placebo.[55] Esse é um de seus estudos mais recentes, construído sobre décadas de pesquisa, que descobre que catarse não leva à diminuição da raiva. Ele disse: "Se extravasar a raiva funcionasse em qualquer circunstância, deveria funcionar quando as pessoas acreditam que vai funcionar". Assim, para testar essa hipótese, eles escolheram aleatoriamente 707 participantes para ler ou um artigo que dizia que extravasar a raiva funcionava e era saudável e fornecia evidência científica para apoiar a ideia de que era uma boa maneira de reduzir a raiva *ou* um artigo dizendo que extravasar a raiva não funciona, não é saudável, e oferecendo evidência científica para sustentar essa afirmação.

Os participantes então escreveram um texto de um parágrafo explicando sua posição sobre o aborto. Quando terminaram, os pesquisadores recolheram o texto e informaram que ele seria dado a outro participante para uma avaliação (o outro participante não existia, na verdade). Enquanto isso, o participante recebia um texto sobre aborto, supostamente escrito pelo mesmo "outro participante", para avaliar. O ensaio que recebiam era sempre a ver com sua posição, de forma a garantir que qualquer agressão posterior não fosse uma retaliação por diferenças de opinião. Eles então davam notas aos textos um do outro, com o participante falso criticando o ensaio do participante verdadeiro. Como disse o dr. Bushman: "Deram a eles as menores notas possíveis e escreveram alguma coisa como 'Esse é o pior texto que já li'". Esse foi o indutor da raiva.

Depois que os participantes ficaram furiosos, foram orientados a não fazer nada (grupo de controle) ou a extravasar a raiva socando um saco de pancada (grupo experimental). Em seguida, mediram a raiva dos participantes por meio de um questionário de humor, e então (essa é minha parte favorita) puseram os participantes para competir com outro participante inexistente (que eles ainda pensavam ser verdadeiro) em uma atividade de 25 etapas na qual tentavam apertar um botão mais depressa que o oponente. Quando ganhavam o jogo, eles podiam "punir" o "parceiro" emitindo um som alto e aversivo.* Podiam controlar o volume, entre 0 e 105 decibéis, e por quanto tempo a pessoa teria que ouvi-lo. Essa era a medida de agressão. Quando perdiam o jogo (na metade das vezes), eles recebiam um barulho explosivo do "oponente", e a duração e volume desse ruído eram determinados aleatoriamente.

Se a teoria da catarse é verdadeira, as pessoas que deveriam marcar menos pontos no questionário e ter o comportamento menos agressivo eram as que (a) foram levadas a acreditar que a catarse funcionaria (leram o falso artigo que dizia que essa era uma boa maneira de lidar com a raiva) e (b) tiveram a chance de esmurrar os sacos de pancada. No entanto, aconteceu o oposto.

Como o dr. Bushman colocou: "Na verdade, eles eram os mais raivosos e os mais agressivos. Não só não vimos um efeito placebo, como vimos um efeito antiplacebo".

Quando se está com raiva, é melhor evitar esses comportamentos do tipo catarse de "extravasar" por meios agressivos — socar coisas, gritar e berrar, jogar videogames violentos, ver outras mídias violentas. Isso não ajuda a lidar com a raiva. Longe disso. Provavelmente, torna o problema muito pior.

---

* Ele tocou o som para mim por telefone, mas antes o descreveu assim: "O barulho é uma mistura de ruídos que as pessoas realmente odeiam, como passar as unhas em um quadro negro, motorzinho de dentista, berrantes, sirenes, essas coisas". Ele estava certo. Era horrível.

Canalizar a raiva para soluções pró-sociais

Quando falo sobre o mito da catarse, é frequente a pergunta: "Se é ruim suprimir e expressar a raiva, o que resta aos que buscam tratá-la?". A resposta para isso é muito simples. Expressar a raiva não faz mal. Sim, a pesquisa demonstra que expressá-la por meios muito agressivos pode ser prejudicial. Mas, como eu já disse, há infinitas maneiras de você conseguir expressar a raiva, e muitas delas incluem canalizar raiva, ódio e até fúria para alguma coisa positiva e pró-social.

Então, quais são algumas dessas possibilidades? São infinitas, mas aqui vão algumas:

- Solução de problema: a raiva o alerta para um problema. Canalize sua raiva para identificar e resolvê-lo;
- Criar arte, literatura, poesia e música: existem belas e fortes obras de arte que são motivadas pela raiva, ou servem como poderosa expressão de raiva. A raiva pode ser usada como um instrumento para criar trabalhos significativos e bonitos;
- Afirmar-se: é muito possível (embora às vezes desconfortável) ter conversas significativas quando se está com raiva. Comece dizendo às pessoas de maneira assertiva quando elas o trataram indevidamente;
- Buscar apoio: às vezes, quando você está com raiva, a coisa de que mais precisa é uma pessoa que o escute, especialmente quando o objetivo é menos *extravasar* e mais processar as frustrações;
- Buscar mudanças mais amplas: quando as pessoas ficam enraivecidas por erros sociais ou políticos, podem usar essa raiva para criar uma comunidade e um mundo melhor — doar ou prestar serviço voluntário para causas importantes, protestar contra erros, organizar coletivos políticos, escrever cartas ao editor ou até concorrer a um cargo público.

> **ATIVIDADE: USAR A RAIVA**
>
> Para esta última atividade, quero que você use estes três passos para encontrar várias maneiras pelas quais poderia ter usado a raiva em uma situação prévia.
>
> 1. Quero que você pense em uma ocasião em que ficou realmente enraivecido, e mesmo agora (mesmo depois de estudar as avaliações e os pensamentos que teve) sente que aquela raiva foi justificada;
> 2. Diagrame só a segunda metade do modelo: como sentiu a raiva em seu corpo e o que fez com ela?
> 3. Identifique três coisas positivas, pró-sociais que poderia ter feito com aquela raiva.

Considerações finais

Embora seja associada à catarse, não reprovo a metáfora da panela de pressão de raiva que embasa a ideia por trás de catarse. Consigo entender por que catarse pareça algo preciso para as pessoas. Provavelmente, todos nós sentimos as frustrações diárias crescerem até explodirmos por algo que consideramos pequeno ou de pouca importância. Por isso consigo entender como as pessoas deduzem que precisam liberar a pressão antes de explodir.

Em vez disso, gosto de pensar na raiva de maneira diferente. Ela é um combustível poderoso que ajuda a manter a máquina complicada que você é. E como qualquer combustível, pode superaquecer, o que nos impõe a necessidade de encontrar maneiras de baixar a temperatura. É isso que você faz quando adota relaxamento ou distração. É o que faz quando encontra maneiras de reavaliar seus pensamentos ou evitar estímulos, ou até se manter atento aos seus estados de tensão. Está procurando meios para reduzir o calor.

Mas esse combustível não precisa ficar frio o tempo todo. Há momentos em que você pode e deve sentir raiva. Não só faz sentido ficar com raiva, como é certo ficar com raiva. De fato, a razão para você sentir raiva é que ela serviu muito bem aos seus ancestrais. Ajudou-os não só a se manterem vivos, mas a prosperar em um mundo que era sempre muito difícil e cruel. E pode servir ao mesmo propósito para você agora.

REFERÊNCIAS

1 DEFFENBACHER, J. L. ET AL. "The expression of anger and its consequences". Behaviour Research and Therapy, v. 34, n. 7, pp. 575-590, jul. 1996.

2 DAHLEN, E. R.; MARTIN, R. C. "Refining the anger consequences questionnaire". Personality and Individual Differences, v. 41, pp. 1021-1031, jun. 2006.

3 TMZ. "Man Shoots TV Over Bristol's 'Dancing' Routine". 17 nov. 2010. Disponível em: https://www.tmz.com/2010/11/17/bristol-palin-dancing-with-the-stars-man-shotgun-television-tv-wisconsin-steven-cowen/.

4 DEFFENBACHER, J. L. "Cognitive-behavioral approaches to anger reduction". *In*: Dobson, K. S.; Craig, K. D. (eds.). Advances in cognitive-behavioral therapy. Thousand Oaks, CA: Sage, 1996, pp. 31-62.

5 FOSTER, S. P.; SMITH, E. W. L.; WEBSTER, D. G.. "The psychophysiological differentiation of actual, imagined, and recollected anger". Imagination, Cognition and Personality, v. 18, pp. 189-203, 1999.

6 LANTEAUME, L. et al. "Emotion induction after direct intracerebral stimulations of human amygdala". Cerebral Cortex, v. 17, n. 6, pp. 1307-1313, 2007.

7 ANDERSON, S. W. et al. "Impairments of emotion and real-world complex behavior following childhood — or adult-onset damage to ventromedial prefrontal cortex". Journal of the International Neuropsychological Society, v. 12, n. 2, pp. 224-235, 2006.

ANDERSON, S. W. et al. "Impairment of social and moral behavior related to early damage in human prefrontal cortex". Nature Neuroscience, v. 2, n. 11, pp. 1032-1037, 1999.

BECHARA, A. et al. "Decision-making deficits, linked to a dysfunctional ventromedial prefrontal cortex, revealed in alcohol and stimulant abusers". Neuropsychologia, v. 39, n. 4, p. 376-389, 2001.

8   EKMAN, P. et al. "Universals and cultural differences in the judgments of facial expressions of emotion". Journal of Personality and Social Psychology, v. 53, n. 4, pp. 712-717, 1987.

9   FLACK JR., W. F.; LAIRD, J. D., CAVALLARO, L. A. "Separate and combined effects of facial expressions and bodily postures on emotional feelings". European Journal of Social Psychology, v. 29, n. 2-3, pp. 203-217, 1999.

10   MARTIN, R. C.; DAHLEN, E. R. "The Angry Cognitions Scale". Journal of Rational-Emotive and Cognitive Behavior Therapy, v. 25, n. 3, pp. 155-173, 2007.

11   MARTIN, R. C.; DAHLEN, E. R. "Angry thoughts and response to provocation: validity of the Angry Cognitions Scale". Journal of Rational-Emotive and Cognitive Behavior Therapy, v. 29, pp. 65-76, 2011.

12   THE DETROIT NEWS. "Open letter regarding civility in public discourse". 19 jul. 2018. Disponível em: https://www.detroitnews.com/story/opinion/letters/2018/07/20/open-letter-regarding-civility-public-discourse/801624002.

13   AP NEWS. "Snyder calls for civility, doesnt mention Flint in adress". 9 nov. 2018. Disponível em: apnews.com/1d8948d2ff4e441b94b75fe852382c7f.

14   SALERNO, J. M.; PETER-HAGENE, L. C.; JAY, A. C. V. "Women and African Americans are less influential when they express anger during group decision making". Group Processes & Intergroup Relations, [s. l.], v. 22, n. 1, pp. 57-79, 2019.

15   CRANDALL, C. S.; ESHLEMAN, A. "A justification-suppression model of the expression and experience of prejudice". Psychological Bulletin, v. 129, n. 3, pp. 414-446, maio 2003.

16   CNN STUDY. 2020. Disponível em: https://cdn.cnn.com/cnn/2020/images/06/08/rel6a.-.race.and.2020.pdf.

17   BREECH, J. "POLL: Majority of Americans disagree with Colin Kaepernick's protest". CBS Sports, 15 set. 2016. Disponível em: https://www.cbssports.com/nfl/news/poll-majority-of-americans-disagree-with-colin-kaepernicks-protest/.

18 BAILEY, C. A. et al. "Racial/ethnic and gender disparities in anger management therapy as a probation condition". Law and Human Behavior, v. 44, n. 1, pp. 88-96, fev. 2020.

19 JACOBS, D. "We're sick of racism, literally". The New York Times, 11 nov. 2017. Disponível em: https://www.nytimes.com/2017/11/11/opinion/sunday/sick-of-racism-literally.html.

20 ULRICH, N. "NFL lifts indefinite suspension on Cleveland Browns' Myles Garrett". USA Today, 12 fev. 2020. Disponível em: https://www.usatoday.com/story/sports/nfl/browns/2020/02/12/myles-garrett-nfl-lifts-cleveland-browns-indefinite-suspension/4736004002/.

21 CHUCK, E. "Why Myles Garrett's helmet attack likely won't result in criminal charges". NBC News, 16 nov. 2019. Disponível em: https://www.nbcnews.com/news/us-news/why-myles-garrett-s-helmet-attack-likelywon-t-result-n1083186.

22 FEDERAL BUREAU OF INVESTIGATION (FBI). "Uniform Crime Reporting Violent Crime". 2018. Disponível em: ucr.fbi.gov/crime-in-the-u.s/2018/crime-in-the-u.s.-2018/topic-pages/violent-crime.

23 IADICOLA, P.; SHUPE, A. Violence, inequality, and human freedom. Lanham, MD: Rowman & Littlefield Publishers, Inc., 2013.

24 MARTIN, R. C.; DAHLEN, E. R. "Angry thoughts and response to provocation: validity of the Angry Cognitions Scale". Journal of Rational-Emotive and Cognitive Behavior Therapy, v. 29, pp. 65-76, 2011.

25 AMERICAN PSYCHIATRIC ASSOCIATION. Diagnostic and Statistical Manual of Mental Disorders. 5. ed. Washington, DC: American Psychiatric Association, 2013.

26 DAHLEN, E. R. et al. "Boredom proneness in anger and aggression: effects of impulsiveness and sensation seeking". Personality and Individual Differences,, v. 37, n. 8, pp. 1615-1627, dez. 2004.

27 DAHLEN, E. R. et al. "Driving anger, sensation seeking, impulsiveness, and boredom proneness in the prediction of unsafe driving". Accident Analysis and Prevention, v. 37, n. 2, pp. 341-348, maio 2005.

28 BERKOWITZ, L.; LAPAGE, A. "Weapons as aggression-eliciting stimuli". Journal of Personality and Social Psychology, v. 7, pp. 202-207, out. 1967.

29 TANAKA-MATSUMI, J. "Cross-cultural perspectives on anger". *In*: Kassinove, H. (ed.). Anger disorders: definition, diagnosis, and treatment. Washington, DC: Taylor & Francis, 1995.

30 MARTIN, R. C. et al. "Anger on the internet: the perceived value of rant-sites". Cyberpsychology, Behavior, and Social Networking, v. 16, n. 2, pp. 119-122, 2013.

31 TIPPETT, N.; WOLKE, D. "Aggression between siblings: associations with the home environment and peer bullying". Aggressive Behavior, v. 41, n. 1, pp. 14-24, jan. 2015.

32 SMITH, T. W. "Personality as risk and resilience in physical health". Current Directions in Psychological Science, v. 15, n. 5, pp. 227-231, 2006.

33 CHANG, P. P. et al. "Anger in young men and subsequent premature cardiovascular disease: the precursors study". Archives of Internal Medicine, v. 162, n. 8, pp. 901-906, abr. 2002.

34 NITKIN, K. "The Precursors Study: charting a lifetime". HUB, 25 mar. 2019. Disponível em: https://hub.jhu.edu/2019/03/25/precursors-study/.

35 SELYE, H. "The general adaptation syndrome and the diseases of adaptation". Journal of Allergy, v. 17, n. 6, pp. 241-247, nov. 1946.

36 MUSANTE, L.; TREIBER, F. "The relationship between anger-coping styles and lifestyle behavior in teenagers". Journal of Adolescent Health, v. 27, n. 1, pp. 63-68, jul. 2000.

37 DAHLEN, E. R.; MARTIN, R. C. "Refining the Anger Consequences Questionnaire". Personality and Individual Differences, v. 41, n. 6, pp. 1021-1031, 2006.

38 LOVIBOND, S. H.; LOVIBOND, P. F. Manual for the Depression Anxiety Stress Scales. 2. ed. Sydney: Psychology Foundation, 1995.

39 MARTIN, R. C.; DAHLEN, E. R. "Cognitive emotion regulation in the prediction of depression, anxiety, stress, and anger". Personality and Individual Differences, v. 39, n. 7, pp. 1249-1260, 2006.

40 EXLINE, J. J. et al. "Anger toward God: Social-cognitive predictors, prevalence, and links with adjustment to bereavement and cancer". Journal of Personality and Social Psychology, v. 100, n. 1, pp. 129-148, jan. 2011.

41 BIRKLEY, E. L.; ECKHARDT, C. I. "Effects of instigation, anger, and emotion regulation on intimate partner aggression: examination of "perfect storm" theory". Psychology of Violence, v. 9, n. 2, pp. 186-195, 2018.

42 GILAM, G. et al. "Attenuating anger and aggression with neuromodulation of the vmPFC: A simultaneous tDCS-fMRI study". Cortex, v. 109, pp. 156-170, dez. 2018.

43 ECKHARDT, C. I.; CRANE, C. "Effects of alcohol intoxication and aggressivity on aggressive verbalizations during anger arousal". Aggressive Behavior, v. 34, n. 4, pp. 428-436, jul.-ago. 2008.

44 GARCIA-SANCHO, E. et al. "The personality basis of aggression: the mediating role of anger and the moderating role of emotional intelligence". Scandinavian Journal of Psychology, v. 58, n. 4, pp. 333-340, ago. 2017.

45 BUSS, D. M. "Selection, evocation, and manipulation". Journal of Personality and Social Psychology, v. 53, pp. 1214-1221, 1987.

46 DEFFENBACHER, J. L. "Ideal treatment package for adults with anger disorders". *In*: Kassinove, H. (ed.). Anger disorders: definition, diagnosis, and treatment. Washington, DC: Taylor & Francis, 1995.

47 SCHWARZ, N.; CLORE, G. L. "Mood, misattribution, and judgments of well-being: informative and directive functions of affective states". Journal of Personality and Social Psychology, v. 45, n. 3, pp. 513-523, 1983.

48 GROSS, J. J. "Emotion regulation: affective, cognitive, and social consequences". Psychophysiology, v. 39, n. 3, pp. 281-291, maio 2002.

49 MARTIN, R. C.; DAHLEN, E. R. "Anger response styles and reaction to provocation". Personality and Individual Differences, v. 43, n. 8, pp. 2083-2094, 2007.

50 LINDEN, W. et al. "There is more to anger coping than 'in' or 'out'." Emotion, v. 3, n. 1, pp. 12-29, 2003.

51   GARNEFSKI, N.; KRAAIJ, V.; SPINHOVEN, P. "Negative life events, cognitive emotion regulation and emotional problems". Personality and Individual Differences, v. 30, pp. 1311-1327, 2001.

52   MARTIN, R. C.; DAHLEN, E. R. "Cognitive emotion regulation in the prediction of depression, anxiety, stress, and anger". Personality and Individual Differences, v. 39, pp. 1249-1260, 2005.

53   DIGIUSEPPE, R.; TAFRATE, R. C. Understanding anger disorders. New York, NY: Oxford University Press, 2007.

54   HUCKE, K.; MARTIN, R. C. "Emotions in sports performance". Poster presented at the Annual Midwestern Psychological Association Conference, Chicago, IL, 2015.

55   BUSHMAN, B. J.; BAUMEISTER, R. F.; STACK, A. D. "Catharsis, aggression, and persuasive influence: Self-fulfilling or self-defeating prophecies?". Journal of Personality and Social Psychology, v. 76, n. 3, pp. 367-376, mar.1999.

AGRADECIMENTOS

Tenho uma dívida profunda com muitas pessoas que me apoiaram enquanto eu escrevia este livro. Começo por minha família. Tenho o trabalho dos meus sonhos porque minha esposa, Tina, é uma parceira incrível e minha melhor amiga, alguém que acreditou em mim antes de eu acreditar em mim mesmo. Sou igualmente abençoado por dois filhos incríveis, Rhys e Tobin, que me fazem querer ir além para ajudar a criar um mundo melhor. Tenho uma mãe amorosa e extraordinariamente dedicada, Sandy, que me ensinou o valor da liderança e do serviço, e um pai brilhante, Phil, que me ensinou a pensar de maneira crítica e trabalhar duro. Cresci com três irmãos maravilhosos e eles, seus parceiros e filhos têm sido uma fonte permanente de amor, apoio e bom humor. Por fim, tenho a sorte de ter herdado uma família igualmente maravilhosa pelo casamento.

Várias vezes em minha carreira me senti muito sortudo pelas oportunidades que tive. O trabalho que pude fazer com o dr. Eric Dahlen no programa de Aconselhamento Psicológico na Universidade do Sul de Mississípi foi uma dessas oportunidades, e seu apoio, conhecimento e orientação continuam sendo essenciais para o meu trabalho. De alguma forma, consegui o emprego perfeito no Departamento de Psicologia da Universidade de Wisconsin-Green Bay, onde estou cercado por acadêmicos brilhantes e professores criativos, não só em psicologia, mas em toda a universidade. Meu trabalho como professor e pesquisador é constantemente inspirado por esses colegas que foram e continuam sendo amigos, colegas de trabalho e mentores fabulosos. Também na Universidade Wisconsin-Green Bay, minha especial gratidão aos alunos que me ensinam tanto quanto eu ensino a eles e me dão esperança de que o mundo segue na melhor direção.

Quando se trata das oportunidades que tive a sorte de encontrar, sou muito grato à equipe do TEDx Fond du Lac por me selecionar para dar uma palestra e me orientar durante o processo. Os talentos nesse grupo são extraordinários. Finalmente, sou grato à equipe da Watkins Publishing, especialmente Fiona Robertson, por ter me apoiado a escrever este livro. A confiança em mim e sua orientação tornaram isso possível.

Quando comecei a estudar raiva há mais de vinte anos, não tinha ideia de quanto isso me intrigaria ou de como minha carreira seria gratificante. Devo muito dessa alegria aos brilhantes acadêmicos que estudam raiva e agressão. Eles trabalham de maneira incansável com o objetivo de ajudar as pessoas a desenvolverem uma vida mais saudável, e ler o trabalho deles é uma constante fonte de inspiração.

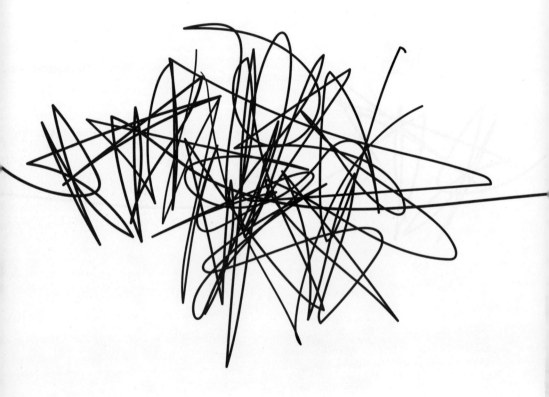

Primeira edição (maio/2023)
Papel de miolo Ivory slim 65g
Tipografia Arnhem e Bebas Kai
Gráfica LIS